教養としてのロック名盤ベスト100

川﨑大助

光文社新書

はじめに

無辺のなかの究極、100の珠玉

「究極の100枚」をこれからご紹介しよう。日本においては「洋楽」と総称されることが多い、米英のロック音楽、そのアルバムのベスト・オブ・ベストだ。これまでに世にあった、日本語世界の「洋楽ロック名盤リスト」はすべて忘れていい。ここにあるセレクションと序列こそが、今後のスタンダードとなるからだ。

あなたがほんのすこしでもロックに興味があるならば、最初に聴いてみるべき1枚は、間違いなくこの「100枚」のなかにある。逆にあなたがロック通を自認していて、なおかつこの「100枚」のうちに1枚でも聞き漏らしがあったなら――正直言って、それはちょっと「まずい」かもしれない。だから、そんなかたのアンチョコ、あるいは虎の巻としても、このリストは効果的に機能するだろう。

さてところで、僕がこの「１００枚」を究極と呼ぶ理由は、こうだ。この名盤リストのセレクションおよび順位は、考えうるかぎり科学的かつ合理的に決定された。ゆえに「究極」だと考える。

では具体的にどうやって作成したのか?というと、アメリカ、そしてイギリスにおける「最強の名盤リスト」を素材として、それらの順位から数学的に序列を導き出すことを僕は考えついた。そして、それを実行した。つまり、当ランキングに僕の主観は反映されていない。

ちなみに、このような計算にもとづいたリストが公表されることは、僕が知るかぎり、国際的に見ても前例はないはずだ。すなわち僕は、世界で初めて「この方法論で」名盤リストを編んでしまった、のかもしれない。その成果を、まさにいま、あなたは目撃しようとしている。

このリストの成り立ちについて説明しよう。米英のロック音楽について考察するとき、貴重な情報や傾聴すべき見解を最も豊富に蓄積しているのが、「米英本国の聴き巧者たち」だということは論をまたない。そんな人たちが選んだリストがある。つまり、かの地の批評家や愛好家、または音楽の現業に就く人々のなかでも一流中の一流が、まさに喧々囂々《けんけんごうごう》、丁々発止とやり合いながらまとめた「米英ロック名盤のリスト」というものが、アメリカにも、イギリスにも複数存在する。

前者のなかで最も有名なものが、アメリカの音楽雑誌〈ローリング・ストーン〉（１９６７年に創刊）が２００３年に初版を、改訂版を２０１２年に発表した「500 Greatest Albums of All Time」だ。後者のそれはイギリスの音楽メディア〈ＮＭＥ（ニュー・ミュージカル・エクスプレス）〉（52年に新聞形態で創刊）が２０１３年に発表した「The 500 Greatest Albums of All Time」だ。この2つの「名盤リスト」を素材として、僕はこの１００枚を選び、順位づけをおこなった。つまり「〈ローリング・ストーン〉と〈ＮＭＥ〉のリストの中間値」を求めてみたわけだ。すると、驚くべき結果が、そこから浮かび上がってきた。

中間値は、このようにして求めた。まず、（１）リストに並ぶ、のべ１０００枚のアルバムから「両方のリストにランキングされているもの」だけを抜き出した。この時点で１０００枚が１９６枚に絞られた。次に（２）それぞれのランキングの最上位から最下位まで、順位に沿ってポイントを付与し、アルバムごとに双方のポイントを合算し、トータル・ポイントの多寡によって順位を決した。そのうちの上位１００枚――つまり１０００枚から選びに選び抜かれたベスト１００が並ぶのが、この「究極の」リストだということになる。

※筆者注：〈ローリング・ストーン〉のリストは、２０１２年の改訂版を使用した。

ポイントの付与は、こんなルールでおこなった。リストの1位にあるアルバムに５００点、

2位が499点と、順位がひとつ下がるごとに1点ずつ減らしていった(つまり500位は1点だ)。こうしたポイント方式のため、複数枚が同スコアとなる例もあった。そんな場合は、発表年(月日)が古いものを上位に、新しいものを下位に置いた。そうした理由は、先行する作品を参照しながら制作を進められるため「後発組のほうが原則的に優位にある」と考えられるからだ。

以上のようにして、1位から100位まで、序列に沿って1枚ずつ並ぶ「究極の名盤リスト」が完成した。とんでもなく不思議、かつ同時に、絶妙な説得力のある「ベスト・リスト」が、いま僕の目の前にはある。ロックを知る人ほど、幾度も幾度も「まさか、そんな」とつぶやきたくなること必至の「ベスト100」がある。

ではなぜ、そんな「驚くべき」結果となったのか? その理由は、素材とした両者のリストに、かなり大きな差異があったからだ。それぞれがそれぞれに「偏っていた」と言うべきか。両者の特徴を大雑把に述べると、こんな感じだ。

〈ローリング・ストーン〉は「妥当性は高いが凡庸」だった、と言えるかもしれない。対して〈NME〉は「その意気は買うが、ちょっと偏向しすぎてやしないか?」と、ときに(いや、しばしば)突っ込みたくなるものだった、かもしれない。

一例を挙げるならば、〈ローリング・ストーン〉リストの1位がビートルズの『サージェント・ペパーズ・ロンリー・ハーツ・クラブ・バンド』（67年）であり、〈NME〉の1位が（なんと）ザ・スミスの、よりにもよって『ザ・クイーン・イズ・デッド』（86年）……というところがすでに、両者の特徴をよくあらわしている。こうした両者の違いについて、ひそかに僕は「オッチャンvs.文化系サークル学生」と呼びならわしている。

この「違い」とはつまり、両国の「ロック観」の違いだ。そしてこの「ロック観」こそが、それぞれの国のロック音楽を形作ってきた「芯」に、スピリットの中心軸の部分にあたるものだ。

たとえばアメリカは「ロックンロールが誕生した国」だ。１９５０年代半ばのエルヴィス・プレスリーによる一大センセーションが、ロック音楽の「最初の１ページ」を、これ以上なく派手にめくることになった。路傍のアウトサイダーがヒーローとなる道筋がそこに生まれた。

対してイギリスは、まずなんと言ってもビートルズの国だ。60年代以降、ロックのありとあらゆる可能性と未来を透視しようとする研究者群と、実際に未踏の地をどかどかと開闢《かいびゃく》していった無数の不良少年軍団たちのお陰で、その後の世界の音楽史は決定づけられていった。

そんな「前衛と改革」の地であると同時に、「ロックの源流のひとつ」であるフォーク音楽を膨大なる移民とともにアメリカに送り出したのも、数百年前のアイルランド、スコットランド、そしてイングランドだったことも忘れてはならない。
だからロック音楽とは、まぎれもなく、この特別な関係にある米英2つの文化圏の交流の歴史から立ちのぼってきた「固有の文化」なのだ、と言い換えることができる。「ここ」にこそ原点があり、発展における肝要な事象の「ほとんどすべて」があった。


そして言うまでもなく、この2国から生み出されたロック音楽に大きな影響を受けてきた、いや「育てられてきた」のが日本のロック・ファンだ。さらに言うと、戦後の日本製商業音楽の「ほとんどすべて」は、英語圏のポピュラー・ソング、なかでも米英のロック音楽なしには存在し得なかったものだ。

たとえば50年代以降の日本の歌謡曲やフォークやニューミュージック、Jポップにラップ、いや演歌までもが「米英のロック音楽がなければ成り立たないもの」がその大多数を占める。8ビートを基本とするところ、ヴァース・コーラス・ヴァースの構成など、ごくごく当たり前の歌の基礎的な構造部分といったレベルで、日本語の流行歌のほとんどすべては、米英のロックとその影響下にある音楽のエピゴーネンでしかない。「焼き直しが伝統芸となったもの」が日本語世界のポピュラー・ソングの本質だった、と言っていい。

だからこそ、日本の人が「米英のロック名盤」を直接的に聴いてみることは、きわめて有益なのだ。「オリジン」のなかにこそ、本物の教養の種となる「芸術的磁場」が多数存在するからだ。本物の教養は、あなたの魂の滋養となる。そして本物の教養のみが、日本のみならず、これからの人類の未来をも構想していく際の、唯一の足がかりとなるものだ。希望の源泉となるものだ。

じつは、日本という文化圏にいる人の特権も、そこにこそある。米英のロックのどちらをも、客観的に聴いてみることが容易に可能だからだ。しかしこれは「米英の人」にとっては、当たり前だが、原理原則的に少々難しい。

なぜならば、自国の歴史の全体を通じて流れてきた血や汗や涙と、完全に地続きなのがその国の文化というものだからだ。つまり自動的に「当事者性」を担保されるがゆえに、その逆の「客観性」は遠くならざるを得ない。

しかし日本の人にとっては、米英の文化とはそもそもが最初から「遠い外国のこと」だ。だから客観的に研究し、比較検討し、批評的に鑑賞していくことすら、じつに簡単にできる。端的に言って、これはかなり「お得」な立場だろう。

だから日本の人には、こんなことすら、可能性としては達成し得る。「米英のロック」をうまく吸収して、なにか別の新しい価値を創出して、国際的な評価を得ることも――理論的には、大いに可能だ。それこそまるで、かつて日本製の自動車や家電が世界を席巻したときのように。

遠くない未来、映像や音声、美術表現や文学などはすべて、電子的に記録され、人類の共有財産として、だれもが無制限に気軽にアクセス可能なものとなるだろう。その流れの最先端として、いま現在、ロックおよびポップ音楽が流通経路の激変をくぐり抜け中だ。多くの国や地域では、「聴き放題」のストリーミング・サービスが急成長している。つまり「アルバム」という概念そのものが、すでに衰退し始めている。

そんな時代だからこそ、僕は思うのだ。いまこそ「名盤」へと立ち戻るべきだと。「最後のチャンス」とも言える、いまこの時期に。

かつて、アナログ盤の時代、アルバムは「LP（エルピー、Long Player の略称）」とも呼ばれていた。片面に5曲程度、両面合わせて10曲前後を収録し、曲順などの構成やジャケットのアートワークまで含めて「ひとつの作品」と見なす習慣があった。この習慣が生きていた時代にすべての発展を終えた音楽形態こそが、ロックだ。

つまりロックとは「アルバム時代」の落とし子の異名なのだ。小説家における長篇や連作短篇集であるべき「アルバム」を構想することによって、ロックはより複雑に、より深く、そしてより自由奔放な芸術的両翼を得て、20世紀後半の大衆文化を先導していった。少なくない国々の社会体制すら、劇的に変革していった。

広大無辺なインターネット空間とは、アルゼンチンの碩学《せきがく》、ホルヘ・ルイス・ボルヘスが夢想した「バベルの図書館」にも似ている。世界じゅうのあらゆる文献がある、とされる超巨大図書館だ。だからそこには優秀な司書が必要となる。あるいは、的確なる「セレクション」が成されたブック・ガイドも――まさしく本書は、洋楽ロック音楽におけるそれを指向している。同じくボルヘスならば『幻獣辞典』や『汚辱の世界史（悪党列伝）』を目指すものだ。あるいは『プルターク英雄伝』かもしれない。

20世紀半ばに生まれ、そして成長していったロック音楽という芸術にかかわった人々の、あまりにも人間くさく、非効率的で泥くさい行為の連続が、これからご紹介する１００枚の珠玉の名盤へと結実していった。

地べたの汚泥にまみれつつも、ときに天上をあおぎ見る。強烈な陽光に目を射たれる。しかし一切ひるむことなく、迷わず、美と理想をこそ希求し続ける……そんな芸術家たちが、にぎやかに多数活動していた時空間へと、旅をしてみよう。これから僕は、彼ら彼女らの精神の格闘史を振り返る冒険の旅へと、あなたをお誘いしたい。よろしければ、ぜひ、ごいっしょに。

いかなる傑作アルバムだって、聴かれないかぎり意味はない。広大無辺なるバベルのレコード店に並んだ「名盤」の数々は、あなたが手を伸ばしてくれることを、ただひたすらに待ち続けているのだから。

教養としてのロック名盤ベスト100 INDEX▶▶▶

〈凡例〉

●スコア欄について。「RS」は〈ローリング・ストーン〉のリストでの順位、「NME」は〈NME〉のリストでの順位。そこから計算されたスコアが「pt」であらわされている。

●タイトル表記は、アルバム名、アーティスト名の順。和文の括弧内は、オリジナル盤の発表年、レーベル名、レーベルの所在国を記している。

●アルバムや曲名については、英文の片仮名起こしを原則とする。とくによく知られている邦題がある場合は、本文中ではそれを優先的に記載する。

●「Genre」欄には、収録曲の傾向に近しいサブジャンル名を列記した。

●収録曲一覧は、特記なき場合はすべて、原則的にオリジナル盤の曲目を記載している。

100位

▶▶▶▶▶▶▶61位

60位

▶▶▶▶▶▶21位

20位

▶▶▶▶▶11位

10位

▶▶▶▶▶6位

5位

▶▶▶▶▶1位

100位

ホワットエヴァー・ピープル・セイ・アイ・アム、ザッツ・ホワット・アイム・ノット

（RS 371／NME 19）：612pt ※100位、99位、98位の3枚が同スコア

アークティック・モンキーズ（2006年／Domino／英）

最後の怒れる若者、金曜日の深夜0時過ぎ

発表即、一大センセーションを巻き起こした。すでに古典的な意味でのロック・ソングの不作・不毛の時代は幕を開けていたのだが、その暗雲をつらぬいて「ロックらしいロック」が打ち鳴らされたことに全英が熱狂。初登場1位、プラチナム・セールスはもちろん、同国のあらゆる音楽賞を獲得した。若きロック・バンドのデビュー・アルバムの、ひとつの理想形とも言うべき美点が凝縮されたアルバムが本作だ。

その美点とはもちろん、明朗なる青春の謳歌やら称揚ではない。そんな青春はここにはない。ロックとは「すでにそこにある」世界全体への違和感を表明するための音楽だ、という考えかたに立つ人々の心の奥底に最も深く突き刺さる、美点だ。つまり止むことのない焦燥、「いら立ち」の転写がここにある。英北部はシェフィールド出身の4人組。アルバム発表時の平均年齢は19歳とすこし。まだ少年のあどけなさを表情に残す彼らが創造したのは、性急というより

Whatever People Say I Am, That's What I'm Not – **Arctic Monkeys** (2006) Domino, UK
Genre: Indie Rock, Garage Rock, Punk Rock, Post-Punk

Tracks: M1: The View from the Afternoon / M2: I Bet You Look Good on the Dancefloor / M3: Fake Tales of San

も「短気」のロックだった。

歌詞のストーリーはどれも、地元の街で、週末にナイトクラブをふらつく若者の心のうちの描写だ。日常的な出来事の連続を、一人称の視点で記す。平凡で私的なはずのストーリーがつねに「個と社会」との摩擦という普遍的命題へと連結されていくその筆致に、ヴォーカル&ギターと作詞作曲を担当するアレックス・ターナーの才気が見て取れる。本作の印象的なタイトル（「みんなが俺のことどう言っていようが、それ全部、俺じゃないから」）の引用元であるイギリスの作家アラン・シリトーの長篇デビュー作『土曜の夜と日曜の朝』を思い起こさせる。もちろん『長距離走者の孤独』も。

そんな詞が、硬くとがったギター・サウンド、石つぶてが鉄板に衝突し続けるようなスネア・ショット――という、どこをどう切っても鋭角的なロックンロールに乗せられて、神経質な若者が立て板に水で放つ悪罵のごとき速度と物量で、解き放たれていく。その様は、あたかも77年あたり、ザ・ジャムでデビューした当時のポール・ウェラーの再来のようだった。英国伝来の「怒れる若者」が、遮二無二にマイクに吠えている姿だった。

このアルバムの成功によって、ターナーはこのあと英音楽シーンを牽引していくことになる。トップ・モデルと浮き名を流すセレブリティとしても有名になる。しかし本作以上の衝撃をロック・ファンに与えうる一作を、いまだ彼らは生み出せてはいない。

Francisco / M4: Dancing Shoes / M5: You Probably Couldn't See for the Lights But You Were Staring Straight at Me / M6: Still Take You Home / M7: Riot Van / M8: Red Light Indicates Doors Are Secured / M9: Mardy Bum / M10: Perhaps Vampires Is a Bit Strong But… / M11: When the Sun Goes Down / M12: From the Ritz to the Rubble / M13: A Certain Romance

99位

グレース

（RS 304／NME 86）：612pt　※100位、99位、98位の3枚が同スコア

ジェフ・バックリィ（1994年／Columbia／米）

夭折の才人が遺した、清廉にして優美なる「絶技」

なによりもまず本作は、見事なるヴォーカル・アルバムだ。3オクターブ半、いや4オクターブを自在に使いこなす、と噂された彼の歌声は「上手い」だけではない。正しく「魂をゆさぶる」歌唱と呼ぶべきものだ。この情緒性こそが、ジェフ・バックリィが生前に完成させた唯一のスタジオ・アルバムである本作に、永遠の命を与えた。

その真骨頂は、たとえばM6、レナード・コーエン作「ハレルヤ」のカヴァー1曲を聴けばわかる。これだけでも、幾度映画やTV番組にて使用されたことか。さらにこのヴァージョンが、他のヴォーカリストたちに幾度「カヴァー」されたことか。

バックリィの歌にはまず「聴き手の心臓をわしづかみにする」ようなソウルフルネスがある。それが感傷の波動を湧き立たせる。くっきりと星空に描かれた虹が月にまでかかる橋となるような、清廉にしてスケールの大きなロマンチシズムを生む……。

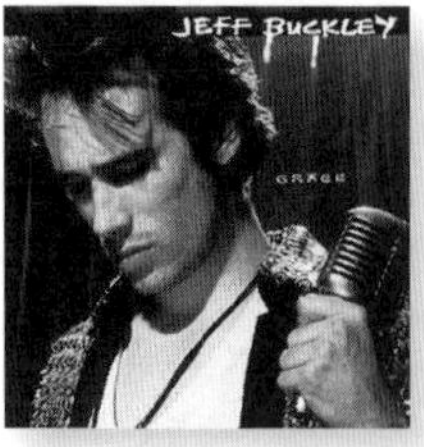

Grace – **Jeff Buckley** (1994) Columbia, US
Genre: Alternative Rock, Folk Rock

彼のヴォーカル・スタイルは、ときに「ロバート・プラントとヴァン・モリソンのミックス」と評される。あるいは、彼の実父であるシンガー・ソングライター、ティム・バックリィの持ち味である「楽器のひとつのように、自在に声を操作する」方法論をマスターしている、とも。ジミー・ペイジ、U2のボノ、エルヴィス・コステロらをも魅了した、彼のこの「絶技」が、繊細きわまりない本作を生き延びさせた。「グランジ」ロック全盛期およびヒップホップ黄金期という逆風のなかで。

バックリィの溺死体が発見されたのは、97年6月4日だった。米テネシー州メンフィスに滞在して、本作に続くアルバムを制作中だった。5月29日の夕刻、ミシシッピ川の支流、ウルフ川の波止場近くで着衣のまま水に入り、レッド・ツェッペリン「胸いっぱいの愛を」を歌っていたバックリィは、ローディが一瞬目を放した隙に水中へと消えてしまう。6日後に引き揚げられた彼の体内には酒や薬物の使用痕跡はなかったものの、しかし自殺や他殺ではなく、不慮の事故死だと警察は結論づけた。

30歳の彼に訪れた突然の死は、28歳にて薬物過剰摂取で他界した父親ティムの最期を人々に思い出させた。だがしかし、ジェフ・バックリィの短い生涯が父のそれをなぞるだけのものでは決してなかったことは、本作が証明している。この『グレース』は、ティムが残したすべてのアルバムをはるかに超える高い評価と深く厚い支持を、時代を超えて集め続けている。

Tracks: M1: Mojo Pin / M2: Grace / M3: Last Goodbye / M4: Lilac Wine / M5: So Real / M6: Hallelujah / M7: Lover, You Should've Come Over / M8: Corpus Christi Carol / M9: Eternal Life / M10: Dream Brother

98位

（RS 177／NME 213）：612pt　※100位、99位、98位の3枚が同スコア

ワン・ネーション・アンダー・ア・グルーヴ

ファンカデリック（1978年／Warner Bros.／米）

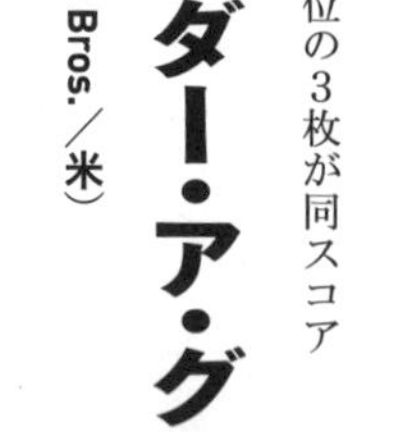

One Nation Under a Groove – **Funkadelic** (1978) Warner Bros., US
Genre: Funk, Rock, Soul

大きなグルーヴの樹の下で「友愛」の旗を掲げたファンク

直訳すると「ファンク顕現」とでもすべきバンド名は、もちろん「サイケデリック」という語の転用だ。「パーラメント（国会）」という名を持つ兄弟バンドとともに、「総帥」ジョージ・クリントン率いるファンク音楽集団（Pファンク）のなかで大活躍した彼らは、つねにファンクとロックの接点を模索し続けた。その到達点のひとつと言えるのが、10枚目のスタジオ・アルバムである本作だ。

象徴的なナンバーは、「ファンク・バンドがロック演れないなんて、だれが言った？」という意味のタイトルを持つM3、まさに「ギター・ソロ弾きまくり」の痛快作となっている。たとえばジミ・ヘンドリックスから、のちの世のレニー・クラヴィッツまで、聴く者の脳裏につぎつぎとその姿が浮かんでも不思議はない。アナログ盤時代にはボーナスEPに収録されていたM8など、レッド・ホット・チリ・ペッパーズの直系の先祖と言うべきか。いずれもホット

で、ダンサブルで、グルーヴィで、そしてまぎれもなく「ロック」な歓びに満ちあふれた名演だ。

ファンクとは、なにか。60年代にその様式が固まった音楽スタイルだ。アメリカの黒人音楽家たちがおもにその発展を先導した。16ビートで、フレーズやリズムの反復が多く、カッティングを主体としたギターと「グルーヴ」を生じさせるために芸のかぎりをつくすベースを特徴とする（本作でも、もちろん名手ブーツィー・コリンズがベースを弾いている）。

ファンクの開祖は、ジェームス・ブラウン（ＪＢ）だと目されている。そしてこの様式は、それまでの黒人音楽の集大成でもあった。ブルース、リズム&ブルース、ソウル（それからジャズも）の「先にあった」ものがファンクであり、発見されたばかりの「新しいやりかた」が世に出たとき特有の輝きが、70年代のファンク音楽には充満している。これらのレコードからサンプリングするところから、ヒップホップ音楽は発展していったのだが、そのときのソースとしてＪＢとともに最高峰に位置していたのが、ファンカデリックを含むＰファンク軍団だった。

本作はアメリカでプラチナム・セールスを記録。タイトル曲はバンドの代表曲となったのみならず、ファンクを、ファンキー・ビートを、あるいはグルーヴィ音楽を愛する地球上の人々全員のテーマ・ソングとして、ずっと定着している。

Tracks: M1: One Nation Under a Groove / M2: Groovallegiance / M3: Who Says a Funk Band Can't Play Rock?! / M4: Promentalshitbackwashpsychosis Enema Squad (The Doo Doo Chasers) / M5: Into You / M6: Cholly (Funk Getting Ready To Roll!) / M7: Maggot Brain / Chant (Think It Ain't Illegal Yet!) (Live) / M8: Lunchmeataphobia (Think! It Ain't Illegal Yet!) / M9: P.E. Squad / Doo Doo Chasers

97位

（RS 160／NME 225）：617pt

エレクトリック・ウォリアー

T・レックス（1971年／Fly／英）

白鳥に乗って天駆けた、グラム王子のブギー着火点

グラマラスなロック、という意味のサブジャンル「グラム・ロック」はここから始まった。ヒッピー的なフォーク・バンドだったティラノザウルス・レックスが改名したあとの2枚目にして、音楽性を一新。潜在していたその能力を満天下に示した成功作がこれだ。全英1位、アメリカでも大ヒット。ギンギラギンのスーパースター、「グラム・ロッカー」マーク・ボラン誕生の瞬間がこれだ。

音楽性をひとことで言うならば「ブギー」だ。ロックンロールが隆盛となるずっと前、20世紀初頭から人々に楽しまれていた、シャッフル・ビートを繰り返す、軽快でダンサブルな音楽スタイル「ブギウギ」の、懐古的とも言えるそのビートを、音色を歪ませたエレクトリック・ギターで叩き出したときに生じる、ぞくっとするようなグルーヴ……これが「T・レックスのグラム・ロック」の旗印となった。

Electric Warrior – **T. Rex** (1971) Fly, UK
Genre: Glam Rock

その魅力は、たとえば「ゲット・イット・オン」（M6）1曲を聴けばわかる。繰り返しカヴァーされ、映画やCMでも使用され続ける、彼らの代表曲のひとつだ。こんなアタックの強いエレクトリック・ブギーを、「ギンギラギン」のメイクアップとマントやブーツ（もちろんラメ付き）で決めてみせるマーク・ボランの勇姿から、70年代初頭のロック界を席巻した「グラム・ロック」大ブームが巻き起こった。

またもちろん、今日まで世界じゅうで連綿と続く、濃い化粧好きの男性ロッカーの系譜もここから生まれた。デヴィッド・ボウイの『ジギー・スターダスト』だって、本作がなければ、あったかどうか。ボランと彼のブギーは、とかく高尚化を進めがちだった70年代初頭のロックに、まさに「風穴」を開けた。ロックが元来持っている性質のうち、無邪気さ（あるいは、幼稚さ）を再発見してみることで、評論家やインテリ層ではなく「TVでロックを観る」ような子供層に、きらきらと輝く「ロックスター」の魅力を伝えることに成功した。これがパンク・ロックの火種ともなった。

あとT・レックスは、いつも曲名が極端に素晴らしい。たとえば本作の曲名を順に、マンボ・サン、コズミック・ダンサー、ジープスター……と音読してみると、あなたは幸せな気分にならないだろうか？（僕はなる）。これもまた、77年9月16日に街路樹に衝突した紫色のミニ1275GTの助手席で急逝するまでずっと、マーク・ボランが守り続けた美点でもあった。

Tracks: M1: Mambo Sun / M2: Cosmic Dancer / M3: Jeepster / M4: Monolith / M5: Lean Woman Blues / M6: Get It On / M7: Planet Queen / M8: Girl / M9: The Motivator / M10: Life's a Gas / M11: Rip Off

96位

（RS 110／NME 271）：621 pt

ローデッド

ザ・ヴェルヴェット・アンダーグラウンド（1970年／Cotillion／米）

Loaded – **The Velvet Underground** (1970) Cotillion, US
Genre: Art Rock, Proto-Punk

地下迷宮から立ちのぼる、最後の甘い吐息

「伝説の」という形容は、彼らのためにある。あらゆるアート・ロック、実験的で前衛的なロックの始祖であり、また同時に、それらを愛する「はぐれ者」どもの魂の神殿の最上位につねに鎮座していることに決まっている、ヴェルヴェット・アンダーグラウンドの——じつは、ファンのあいだで評価を二分するアルバムがこれだ。

まずは低評価のほうから書こう。これは「ヒット曲でいっぱいの（Loaded with hits）アルバムにしてほしい」というレーベル側の要請を容れようとして、失敗した1枚だと言うことができる。ヴェルヴェッツとは、とにかく「売れない」バンドだった。「当時の全米での売り上げはアルバムごとに平均2万枚」だったとの噂すらある。ポップ・アート界のスーパースター、アンディ・ウォーホルに見出され、ロック音楽の新しい地平を切り開くような「センスと知性」を見せつけ、60年代後期に一躍時代の寵児となった彼らだったのだが、一般的なセールスには結びつかなかったわけだ（がしかし、この「センスと知性」こそが後世に甚大なる影響を与えた）。

本作の制作中、中心人物のルー・リードがバンドを脱退してしまう。アルバムが発売される3カ月も前だった。また妊娠中だったモーリン・タッカーは、本作ではドラムを叩いていない。結局のところ、オリジナル・メンバーが在籍していたという意味で、これがヴェルヴェッツの実質的なラスト・アルバムとなってしまう。このツギハギだらけの1枚が――といったところで、本作を嫌うファンも、少なくない。

その一方で、「いい曲が多いじゃないか」と評価する声もある。「スウィート・ジェーン」（M2）、「ロックンロール」（M3）など、ソロになってからもリードがずっと歌い続けることになる、彼の代表曲と言ってもいいこの2曲が初めて公開されたのが本作だった。さらに、前作からフィーチャーされているシンガー&ベーシストのダグ・ユールのヴォーカル曲を好む人も（コア・ファンには少ないのだが）いる。とくにM1の「フー・ラヴズ・ザ・サン」は、そのフォーク・ロック調の感触が90年代あたりのインディー・ポップ・ファンに人気があった。

ときに「闇の帝王」と呼ばれることもあるルー・リードの目が届かないところで編まれてしまった、半ば公式ブートレッグにも近い1枚として本作は愛好されている、と言うべきなのかもしれない。デラックス・エディションも複数発売されている。

Tracks: M1: Who Loves the Sun / M2: Sweet Jane / M3: Rock & Roll / M4: Cool It Down / M5: New Age / M6: Head Held High / M7: Lonesome Cowboy Bill / M8: I Found a Reason / M9: Train Round the Bend / M10: Oh! Sweet Nuthin'

95位

ザ・マーシャル・マザーズLP

（RS 244／NME 135）：623pt

エミネム（2000年／Aftermath・Shady・Interscope／米）

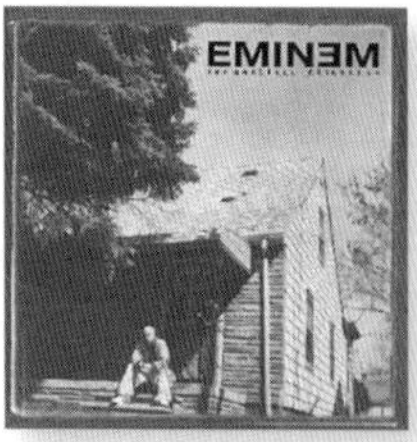

The Marshall Mathers LP – **Eminem** (2000) Aftermath・Shady・Interscope, US
Genre: Hardcore Hip Hop, Horrorcore

異端のラップが天下を奪取、確立した「新しい主流」

彼以前にも成功した白人ラッパーはいた（ビースティ・ボーイズ、あるいは一発屋なれどヴァニラ・アイスなど）。しかしこれほどの規模の成功をおさめた者はいない。エミネムの第3作である本作は、とにかく売れた。発売から1週間で、全米だけで179万枚を売り上げてギネスブックに載った。そんな未曽有の成功の第一要因となったのが、突出した、怪物じみたエミネムの「ラップ・スキル（技量）」だった。

エミネムのラップは高速かつ、どの言葉も「立って」いる。一瞬たりとも淀まず、ビートの上を駆け抜け、下をくぐり抜け、リスナーを驚かせては、その首根っ子をつかんで離さない――線が細い白人のエミネムが、「ラップは黒人がやるもの」との先入観に勝利した最大の理由は「とにかくラップがうまい」ことだった。こうした技術に加え、強烈なサタイア（風刺、当てこすり）満載の特異な文学体質が、彼をトップの位置につけた。

たとえば、本作収録の「スタン」（M３）は、ほとんど最新アメリカ文学の掌編みたいな内容だ。スター・クレイジーの青年が書くファン・レターと、それを送られた（自らとおぼしき）ラップ・スターの返信を描きつつ、悪夢的結末に向かって加速していく「運命」そのものを浮上させる、というユニークな仕掛けの曲だ。そのほか、自らの母親への憎悪（まじりの執着）を歌うM２、妻を攻撃するM16など、ゴシップ紙のように自らのプライベートの暗部をも「さらけ出す」ラップをして、それがウケた。おりしも当時は、スーパースターの時代が終わり、「セレブリティ」ブームが始まったころ。TVのリアリティ番組の隆盛期でもあった。

言うなれば「エミネム以前」のラップ・ソングは、オフ・オフ・ブロードウェイの小劇場のごとき、グループの構成員によって演じ分けられる会話劇調の構造が主流だった。しかしエミネムは、きわめて一人称的な「ひとり語り」の芸にて、「彼以外の広い世界」をどこまでも透視させる手法を確立した。それは日本語の世界で言う「私小説」的手法にも似ているのだが、しかし僕はここに、ルポルタージュと文学がぎりぎりの地点でせめぎあう、ヘミングウェイ以来の米文学の伝統を感じる。

本作の大ブレイクによって、正しくヒップホップ音楽こそが「新しい時代のロックンロール」なのだ、として全世界から認められることになる。名匠ドクター・ドレーによるプロデュース、トラック・メイキングも見事のひとことだ。

Tracks: M1: Public Service Announcement 2000 (skit) / M2: Kill You / M3: Stan / M4: Paul (skit) / M5: Who Knew / M6: Steve Berman (skit) / M7: The Way I Am / M8: The Real Slim Shady / M9: Remember Me? / M10: I'm Back / M11: Marshall Mathers / M12: Ken Kaniff (skit) / M13: Drug Ballad / M14: Amityville / M15: Bitch Please II / M16: Kim / M17: Under the Influence / M18: Criminal

94位

ステイション・トゥ・ステイション

（RS 324／NME 53）：625pt

デヴィッド・ボウイ（1976年／RCA／米）

ボウイ美学ぎりぎりの極点がロックの未来を照射した

グラム・ロッカー「ジギー・スターダスト」ほか、まるで仮面劇のように幾多の「ペルソナ」を演じ、芸術的カメレオンとしてロック界に君臨した大スターにして才人、デヴィッド・ボウイ。その彼の、最も峻烈にして重要な「過渡期」を刻印したとも言えるのが、10枚目のアルバムである本作だ。

この時期のボウイの外見は、とても人気が高い（日本の少女漫画家やファンにも好まれた）。「痩身蒼白公爵（Thin White Duke）」なるペルソナのもとで楽曲を作り、ステージをこなした。痩せた体躯に、短く整えられた淡い金髪、白いシャツ、黒いベストとパンツ……という、戦前ヨーロッパのデカダンス的キャラクターがそれなのだが、実際に彼の内面も崩壊寸前だった。当時ロサンゼルスに拠点を構えていたボウイは、コカイン漬けで、主食は「コショウと牛乳」だった、と本人が語っている。

Station to Station – **David Bowie** (1976) RCA, US
Genre: Art Rock, Funk Rock, Plastic Soul, Proto-New Wave

が、芸術的には、これが効果的に作用した。ボウイの、いやロックのマイルストーンと呼ぶべき1曲がタイトル・チューン。重苦しく不穏なオープニングから、歓喜に満ちたコーラス（だが繰り返される言葉は「It's too late」！）へと至る、10分超の大曲だ。衒学的かつ幻惑的な歌詞は、永遠にファンの頭脳を刺激する。カバラに聖杯伝説に黒魔術にファシズム……そんな要素が、ボウイが大好きなドイツの劇作家ブレヒトや表現主義の手法でもって花開いた1曲だ。

本作のあと、ボウイは当時まだ東西分断下だったベルリンへと移住する。鬼才ブライアン・イーノとコラボレーションして、名高い「ベルリン三部作」を作ることになるのだが、そのイーノをして、三部作の1枚目『ロウ』（77年）は、「ステイション・トゥ・ステイション」という1曲の「まさに続編と言うべきもの」だった、とのちに言わしめるほどの先進性が、すでにここで実現されていた。

一方、これまでのボウイ節、ロックンロールや「プラスティック」ソウルの発展形であるM2、M4、M5も成功している。ジョニー・マティスの歌唱で有名な映画テーマ曲カヴァー（M6）の、堂々のデカダンっぷりも、とてもいい。

おりしもロンドンでは、パンク・ロックの嵐が吹き荒れようとしていた。だがボウイは一切我関せずと自らの芸術道を突き進み、その結果本作は「ポスト・パンクの時代を先取りした1枚」として、後世幾度も繰り返し再評価される名盤となった。

Tracks: M1: Station to Station / M2: Golden Years / M3: Word on a Wing / M4: TVC 15 / M5: Stay / M6: Wild Is the Wind

93位

（RS317／NME58）：627pt

サーファー・ローザ

ピクシーズ（1988年／4AD／英）

折り重なった「変」が新時代の幕を「切除」した

ひとまずは「世に狭く」ではあったものの、オルタナティヴ・ロックの時代がまもなく始まることを宣言した、記念碑的な1枚がこれだ。米マサチューセッツ州はボストン出身のピクシーズのデビュー・フル・アルバムが本作だ。

なんと言っても、本作は、というかピクシーズは「変」だった。当時の「ロックらしいロック」の規範からは、いろんな点が無数に逸脱していた。「ブラック・フランシス」と名乗る太った白人のフロントマンは、甲高い声で叫び、動物の鳴き声のように歌う。神経症的なギターも聞きものだ。転調やオフビートも多用されている。

歌詞も「変わって」いる。「スキューバ・ダイビングしていたら小さな魚に追いかけられた」というフランシスの実体験をもとに、実存的な不安と虚無を歌ったナンバー（M7）は彼らの代表曲のひとつだ。そのほか、近親相姦や身体損壊が歌われるM2、M4、女性ベーシストの

Surfer Rosa – **Pixies** (1988) 4AD, UK
Genre: Alternative Rock

キム・ディールが（おそらくは白人の）女性の黒人男性への性的執着を（しかも高らかに！）歌うM5など、一筋縄ではいかない。

これらの要素を、スピード感にあふれたエキサイティングな「新型」ギター・ロック・サウンドとしてまとめたのがプロデューサーのスティーヴ・アルビニだ。ハードコア・バンド、ビッグ・ブラックの元リーダーであり、この当時は日本のエロ劇画『レイプマン』に影響を受けて同名のバンドを結成、盛大なる顰蹙《ひんしゅく》を買っていた――しかし「オルタナティヴ」サウンドを作ることにかけては無二の――巨匠だった。

かくして、全米の大学ラジオ局（College Radio）から、この「新しい」ロックへの支持が広がっていった。60年代の学園闘争の成果のひとつが、「学生が運営の中心となる」これらラジオ局であり、70年代のパンク・ロックからポスト・パンク、60年代の前衛音楽なども愛好する、規模は小さくとも「まるで研究者のように」音楽に没頭する知的ネットワークがアメリカにはあった。ここが来るべき90年代の「オルタナティヴ・ロック」大噴火の揺りかごとなった。

ある社会において「主流（Mainstream）」であるものとは「まったく違う」流れ、「もうひとつの道」を指す言葉が、オルタナティヴ（Alternative）だ。ピクシーズのこの1枚は、たしかにその方向性を指し示し、多くの後進に影響を与えた。ニルヴァーナのカート・コベインもそのひとりだ。

Tracks: M1: Bone Machine / M2: Break My Body / M3: Something Against You / M4: Broken Face / M5: Gigantic / M6: River Euphrates / M7: Where Is My Mind? / M8: Cactus / M9: Tony's Theme / M10: Oh My Golly! / M11: Vamos / M12: I'm Amazed / M13: Brick Is Red

92位

（RS 353／NME 21）：628pt　※92位、91位の2枚が同スコア

マイ・ビューティフル・ダーク・ツイステッド・ファンタジー

カニエ・ウェスト（2010年／Roc-A-Fella・Def Jam／米）

前衛としてのヒップホップ、実証実験の最高峰

間違いなくカニエ・ウェストこそが、時代の最前線にいた。このとき彼が「ヒップホップ音楽はここまでやれるんだ」と世界の隅々にまで見せつけた。そんなエポック・メイキングな1枚が、彼にとって5作目となるこのアルバムだ。

音楽的には、これまでのウェストの集大成だ。東海岸スタイルのヒップホップを基本に、ゴスペル、ポエトリー・リーディングがミックスされていく。そこにバロック・ロック風味の器楽合奏までもが加わるのがカニエ印だ。大ヒットしたM3ではプログレッシヴ・ロックの帝王、キング・クリムゾンの「21世紀のスキッツォイド・マン」のサンプルが見事に決まる。リアーナからジョン・レジェンドに至るまで、豪華な顔ぶれを並べて「合唱させた」M5は、まるでミュージカルのクライマックスみたいだ。しかし本作の白眉は「ランナウェイ」（M9）だろう。冒頭、ピアノの単音弾きが続き、「そのビート」に重ねて古式ゆかしいブレイク・ビーツが入

My Beautiful Dark Twisted Fantasy – **Kanye West** (2010) Roc-A-Fella・Def Jam, US
Genre: Rap, Alternative Hip Hop

り、そしてコーラスが始まった瞬間の高揚は、すさまじい。

言うなればウェストは、この作品でルネサンス型の全能の芸術家と化している。あらゆる音楽、芸術的エレメント、詩や歌唱を自由自在にカットアップし、混ぜ合わせては「最新のポップ音楽」のアマルガムへと転化させる――というと錬金術師めいているが、それこそが「ヒップホップのやりかた」の延長線上にあるものなのだ、ということを、ウェストは本作で実証した。それが世の快哉を呼んだ。ヒップホップの発想こそが「ポップ音楽すべての未来」を創造できる、オールマイティな方法論なんじゃないか……と、多くの者が夢想して、本作の大ヒットと高評価につながった。

だが実際には、このあとじりじりとヒップホップ音楽における革新性は（というよりも、革新性への需要は）低下していく。またカニエも、ポップ音楽界の巨匠というよりも「セレブリティ」業の人としてSNSやゴシップ・サイトを賑わせることのほうが多くなる。モデル／リアリティ・ショウのスター、キム・カーダシアンの夫として。コラボ・スニーカーを売りまくる人として。奇行の人として……。

本作は、彼がそんな人生の乱気流に飲み込まれる直前に放たれた1枚だった。そしてまた同時に、カニエ・ウェストを「まぎれもないセレブ」の位置につけさせたのも、この画期的なアルバムの大成功でもあった。

Tracks: M1: Dark Fantasy / M2: Gorgeous / M3: Power / M4: All of the Lights (Interlude) / M5: All of the Lights / M6: Monster / M7: So Appalled / M8: Devil in a New Dress / M9: Runaway / M10: Hell of a Life / M11: Blame Game / M12: Lost in the World / M13: Who Will Survive in America

91位

ネブラスカ

（RS 226／NME 148）：628 pt ※92位、91位の2枚が同スコア

ブルース・スプリングスティーン（1982年／Columbia／米）

アメリカの乾いた「闇」を描破した、弾き語りの文学

本作にはこんな逸話がある。彼の次回作はあの『ボーン・イン・ザ・USA』（84年）だったのだが、あまりに売れたため、大いなる誤解のもとでタイトル曲がレーガン大統領の再選キャンペーンに使用されかかったことがある。このときスプリングスティーンはステージ上で「大統領は俺の『ネブラスカ』を聴いたとは思えない」とだけ言って、本作収録の「ジョニー99」（M4）を歌った、という。

こんな歌だ。職を失った男・ラルフが、酒に酔って夜勤の店員を撃つ。逮捕されて判決は懲役99年。このときから彼は「ジョニー99」と呼ばれるようになる……。

タイトル曲（M1）は、実在の19歳の連続殺人犯チャールズ・スタークウェザーを「語り手」としている。14歳のガールフレンドと駆け落ちした彼は、10人を無差別に殺し、死刑となる。「悪いことをしたとは思わない／俺とあの娘のちょっとしたお楽しみだっただけ」という、

Nebraska – **Bruce Springsteen** (1982) Columbia, US
Genre: Alternative Folk, Heartland Rock

本人が書き残したメモも、歌詞に引用されている。

そんな本作の最大特徴は「デモ・テープのまま」リリースされた、という点だ。スプリングスティーンひとりが、弾き語りを基本にカセット・レコーダーで録音した。そして「スタジオでバンドとともにやってみたところ、しっくりこなかった」という理由によって、結局のところ「デモのまま」の状態で発売されることになった。

収録曲を書いているとき、スプリングスティーンの頭のなかには、アメリカの作家フラナリー・オコナーの諸作があったのだという。そもそも、3分間の歌のなかに短篇小説のような世界を構築できる言葉の名手がスプリングスティーンなのだが、そんな彼が南部ゴシックの系譜を継ぐオコナーに傾倒した、というところから、僕の目には本作が、トルーマン・カポーティのノンフィクション・ノベル『冷血』とダブって見える。「普通の人々」の儚《はかな》き日常が、ときに闇へと不可逆に飲み込まれていく、血と暴力の伏流水がひそむ、ざらついた現実の様を硬質に書き留めていく、という手法が、カポーティのそれと相通じるところがある、と感じる。

すでにこのとき、前作『ザ・リバー』（80年）で初のアルバム・チャート1位を獲得し、彼はロック界のトップ・ランナーのひとりとなっていた。にもかかわらず、この生々しくも誠実な第6作を世に問うたことを、多くの人が支持した。スプリングスティーン史上、屈指のインパクトを誇る名盤が本作だ。

Tracks: M1: Nebraska / M2: Atlantic City / M3: Mansion on the Hill / M4: Johnny 99 / M5: Highway Patrolman / M6: State Trooper / M7: Used Cars / M8: Open All Night / M9: My Father's House / M10: Reason to Believe

90位

（RS138／NME231）：633pt ※90位、89位の2枚が同スコア

ザ・クロニック

ドクター・ドレー（1992年／Death Row・Interscope・Priority／米）

墓石に刻まれたギャングスタ・ラップの新約聖書

巨大山脈のごとくシーンに君臨する名プロデューサーである彼が、アーティストとして制作した初のアルバムがこれだ。本作はマルチ・プラチナムを獲得、「史上最も売れたヒップホップ・アルバム」として、音楽業界をまさに「制圧」した。

ドレーがここで世に広めたサウンド・スタイルは「Gファンク」と呼ばれた。「G」とはギャングスタのGだ。あたかも、南カリフォルニアの平坦な道路を、陽光のもと、70年代のキャデラックのごとき馬鹿でかいクルマのローライダーで、トロトロと流しているドラッグ・ディーラー……みたいな光景を想起させるサウンドがこれだ。サンプリング・ソースには、ジョージ・クリントン率いる「Pファンク」が多用された。レイドバックした、ゆったりしたテンポでありながら、裏側に凶暴さを秘めたこの酩酊的なループに人々は魅了された。

本作にはスヌープ・ドッグも大フィーチャーされている。西海岸ギャングスタ・ラッパーの

The Chronic – **Dr. Dre** (1992) Death Row・Interscope・Priority, US
Genre: West Coast Hip Hop, G-funk, Gangsta Rap

Tracks: M1: The Chronic (Intro) / M2: Fuck wit Dre Day (And Everybody's Celebratin') / M3: Let Me Ride /

代表格となる彼が、ヒット曲に最初に名を連ねたのはこのアルバムだ。彼がラップするM3、M5などが、まさに「時代のサウンドトラック」として、受けに受けた。米英の一流大の学生までもが「ギャングスタ・ラップ」に熱を上げ始めたのが、このころだ。その様はまるで、80年代初頭の日本における「ツッパリ」ブーム、横浜銀蝿ブームとも似ていた。大きく違うのは、ドレーの周辺にいたのが「本物」のギャングであり、ドラッグや銃や殺人が日常のなかにあったことなのだが。

本作が初のアルバム・リリースとなったデス・ロウ・レコードをドレーといっしょに立ち上げたシュグ・ナイトは、２０１５年の殺人で懲役28年の有罪となり、現在服役中の身だ。２パック、ノトーリアスＢ．Ｉ．Ｇ．といった犠牲者も出た「西対東」のヒップホップ抗争の遠因となったのもまた、本作が象徴する「西海岸派の急速な興隆」だった。

70年代初頭のブロンクス区南部で生まれたヒップホップは、元来「ニューヨークの特産品」と見なされていた。しかし本作の成功の前後から、全米の各地でヒップホップのローカル・シーンが急速に活性化していく。先行していたマイアミの影響も受けたアトランタが次世代の聖地となる。シカゴも大発展していく。

そしてドレーは、アップルから三顧の礼で迎えられるほどの「ビジネスの大成功者」となって、今日も意気軒昂だ。

M4: The Day the Niggaz Took Over / M5: Nuthin' but a 'G' Thang / M6: Deeez Nuuuts / M7: Lil' Ghetto Boy / M8: A Nigga Witta Gun / M9: Rat-Tat-Tat-Tat / M10: The $20 Sack Pyramid (Skit) / M11: Lyrical Gangbang / M12: High Powered / M13: The Doctor's Office (Skit) / M14: Stranded on Death Row / M15: The Roach (The Chronic Outro) / M16: Bitches Ain't Shit

89位

デイドリーム・ネイション

（RS 328／NME 41）：633pt　※90位、89位の2枚が同スコア

ソニック・ユース（1988年／Enigma／米）

ノイズの絵の具で描いてみせた「白昼夢の国」

その活動歴の長さ（結成は81年）、いつも変わらぬ超然とした佇まい、息を吸って吐くかのようにノイズでいっぱいのロックを生み出し、前衛アートとストリート文化の境界線を自由自在にまたぎ越える――そんなところから、「この時点ですでに」ニューヨークのインディー・シーンの象徴と見なされ、日本では「アングラ大王」とまで呼ばれていた彼らの、通算5作目となる大作アルバムがこれだ。

ソニック・ユースの最高傑作という呼び声も高い本作は、当初アナログ盤2枚組、収録時間70分超のダブル・アルバムとして発表された。この物量で、重厚かつ緊張感の高い、ノイジーでラウドなギター・ロックが連打される様は圧巻だ。

なかでもベーシストのキム・ゴードンが詞を書き、歌ったM3は印象ぶかい。サイバーパンクSFの大家ウィリアム・ギブソンの作品に想を得たこのナンバーは、無頼系の米作家デニ

Daydream Nation – **Sonic Youth** (1988) Enigma, US
Genre: Avant-Rock, Noise Rock, Alternative Rock

ス・ジョンソンの長篇『正午の星々』からの引用で幕を開ける。僕はロウワー・マンハッタンにあったゴードンのアパートメントにお邪魔したことがあるのだが、そこかしこに積み上げられていたペーパーバックの山（C級モッズ小説まであった）を思い出す。これぞ「ニューヨークの」リアル文系インディー・ロックだ。

そのほか、アルバムの最後に収録された「トリロジー」と題されたトラック3つ（M12、M13、M14）もすさまじい。世にもめずらしかった（いや、いまでもめずらしい）「オルタナ・ロックの組曲」だ。アイデア優先、融通無碍《ゆうづうむげ》のように見えて、じつはかっちりと計算されているのがソニック・ユースの楽曲なので、このような離れ業もできる。

このアルバムへの高い評価を背に、バンドはゲフィンと契約。次回作（出世作ともなった『GOO』90年）はメジャー・レーベルからの発売となる……と書くと「そんなこともあるか」ぐらいに、みなさん思うだろうか。しかしこの当時は、違った。

まさに喧々囂々。「なんでそんな?!」と、少なくない数のインディー・キッズが大きなショックを受けた。是か非か、なんて論争まで起こったほどの、大事件だった。そして「ソニック・ユースがゲフィンで成功し、『あそこは悪くないよ』と言ったから」という理由で、ニルヴァーナが同レーベルと契約し、『ネヴァーマインド』（91年）を制作することになったのは、有名な話だ。

Tracks: M1: Teen Age Riot / M2: Silver Rocket / M3: The Sprawl / M4: Cross the Breeze / M5: Eric's Trip / M6: Total Trash / M7: Hey Joni / M8: Providence / M9: Candle / M10: Rain King / M11: Kissability / M12: Trilogy_(a) The Wonder / M13: Trilogy_(b) Hyperstation / M14: Trilogy_(z) Eliminator Jr.

88位

（RS 98／NME 256）：648 pt

ディス・イヤーズ・モデル

エルヴィス・コステロ&ジ・アトラクションズ（1978年／Rader／英）

マッドなコステロの狂い咲きニューウェイヴ・ロード

もし明日、宇宙人が地球にやって来て「ニューウェイヴ・ロックとはいかなるものか?」とあなたに質問したら、迷わずこのアルバムを聴かせればいい。本作はエルヴィス・コステロのセカンド・アルバムであり、このあとも長く共同作業を続けることになる名バンド「アトラクションズ」と彼が初めて組んだ1枚だ。

たとえば、M1、M2、M9、M11。この狂躁的で、強迫観念的なまでにカラフルな感じが「時代の音」だ。1曲だけというならシングルにもなったM4は外せない。この曲はぜひMV（ミュージック・ヴィデオ）付きの鑑賞をお薦めしたい。

白一色のスタジオに4人の演奏者がいる。大きな眼鏡をかけた痩せた男（コステロ）が、細いパンツの内股で、不穏なビートに合わせて、足首も折れよと妙なステップを踏みながら歌い、フェンダー・ジャズマスターを弾く。キーボーディストは画面に対して横向きで、椅子なしで

This Year's Model – **Elvis Costello & The Attractions** (1978) Rader, UK
Genre: New Wave, Power Pop, Pop Punk

立って、オルガンをゆすりながら弾く……。

そう、キーボード。なかでもとくに、シンセサイザーだ。前年のパンク・ロック革命によって、この時代のロンドンにおいては「新しいこと」が過度に称揚されていた。歴史の継続をなにもかも切断して消し去ったかのような真っ白なキャンバスの上に、極彩色のポップな絵を描こうとしていたのが当時の「ニューウェイヴ」勢であり、その絵筆となったもののひとつが、きらびやかな「シンセの花」だった。そして本作でコステロはそこに「乗っかろう」とした。

なぜならば、まさしく彼こそが「古い時代の人」だったからだ。パンクとはなんの係累もない。90年代以降の彼は、アメリカーナほかルーツ音楽をもモノにする。また巨匠バート・バカラックと共演するなど「本格派の人」として大人のリスナーから高評価を得るが、そんな素養はデビュー前からあった（当たり前だが、こうした類の核心的教養は10代のうちに完成し、内面化されるものだ）。それら全部を封印し、「ニューウェイヴ・スター」として天下をとろうとしたのが、このころだった。

たぶんその反作用で、本作の歌詞における「流行」への言及がシニカルで苦みに満ちている点も見逃せない（M2、M4、M8、M11など）。この独特の「ねじれ構造」こそ、初期「コステロ節」の真骨頂だ。「今年のモデル」の正体とは、じつは彼自身の内部にあった強迫観念を外面化させたものだったのかもしれない。

Tracks: M1: No Action / M2: This Year's Girl / M3: The Beat / M4: Pump It Up / M5: Little Triggers / M6: You Belong to Me / M7: Hand in Hand / M8: (I Don't Want to Go to) Chelsea / M9: Lip Service / M10: Living in Paradise / M11: Lipstick Vogue / M12: Night Rally

87位

ストレイト・アウタ・コンプトン

（RS 144／NME 205）：653pt

N.W.A（1988年／Ruthless・Priority／米）

権威と権力に上等切った、憤怒のギャングスタ・ラップ

彼らのデビュー・アルバムは、史上初めて、ギャングスタ・ラップの「威力」を、全米の隅々にまで知らしめた記念碑的な1枚だ。良識層からは囂々たる非難を浴び、FBIや警察など法執行機関から正面切って叩かれながらも、本作は売れに売れた。逆にその「悪名」こそがこのアルバムを、彼らを成功へと導いていった。

アルバム・タイトルは「コンプトンから直送」という意味だ。コンプトン市とは、ロサンゼルス郡の南部にある自治体で、黒人とヒスパニック層が多く住み、貧困率も犯罪率も高く、荒れ果ててすさんでいる――という、そんな「現場」から、さながら戦場ルポのように届けられたハードなラップが本作には詰まっている。

なかでも、タイトル曲（M1）エクステンデッド・ミックスの緊張感はただごとではない。冒頭「なんでもないぜ。また別のク××ボが死んだだけ」と吐き捨てられた直後、まるで空襲

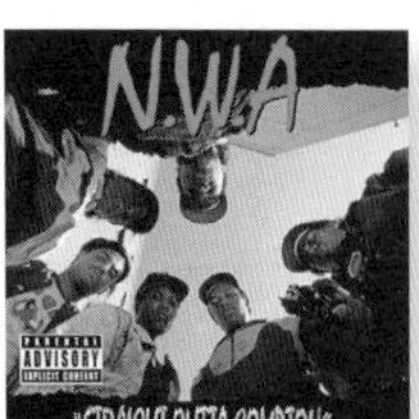

Straight Outta Compton – **N.W.A** (1988) Ruthless・Priority, US
Genre: West Coast Hip Hop, Gangsta Rap, Hardcore Hip Hop

警報のサイレンのごとく鳴り響くループに乗って、全身全霊でもって「憤怒のラップ」が叩きつけられる。地元警察による黒人蔑視、不当な暴力を告発するM2もすごい。天地が逆さになったって、本作以前のアメリカで「フ××ク・ダ・ポリース！」と連呼される曲がヒットするなんてことはあり得なかった。つまり本作は「扉を開いた」。黒人でもギャングスタでもないリスナーまでもが無数に「彼ら」の側についた。

これらナンバーでは、アイス・キューブ、MCレン、そしてイージーEがラップしていた。タイトかつ、スリリングなトラックは、ドクター・ドレーとDJイェラの手によるものだ。別稿でも書いたとおり、ドレーはのちにプロデュース業などでとてつもない大金を稼ぐ。アイス・キューブはソロ活動のみならず、俳優や映画監督としても成功する。そして、実際に元ドラッグ・ディーラーだったイージーEは、エイズの合併症にて95年に他界する。N.W.Aはすでに91年に解散していた。

N.W.A（Niggaz Wit Attitudes）とは「でかい態度で上等切ってるク××ボ」といった意味だ。だから彼らは「自分は不当に抑圧されている」と感じる人々全員にとっての、無二の親友やヒーローたり得た。つまり、この激しくも「ストレート」きわまりないヒップホップは、原初的なロックンロールとまったく同じ機能を高次元で実現していた。ゆえに本作は多くの人々の心を打った。「聴く者の魂」を鼓舞して、勇気の松明《たいまつ》にボッと火をともしてくれた。

Tracks: M1: Straight Outta Compton / M2: Fuck tha Police / M3: Gangsta Gangsta / M4: If It Ain't Ruff / M5: Parental Discretion Iz Advised / M6: 8 Ball (Remix) / M7: Something Like That / M8: Express Yourself / M9: Compton's N the House (Remix) / M10: I Ain't tha 1 / M11: Dopeman (Remix) / M12: Quiet on tha Set / M13: Something 2 Dance 2

86位

フーズ・ネクスト

（RS 28／NME 319）：655pt

ザ・フー（1971年／Track・Decca／英）

荒ぶる創造心がとらえた「ティーンの荒れ地」の向こう

ザ・フーの最高傑作との呼び声も高い、彼らにとって5枚目のスタジオ・アルバムがこれだ。巷間よく言われるように、60年代の英国が生んだ「3大バンド」というと、1にビートルズ、2にローリング・ストーンズ、そして3にこのフー、という順番になる（ちなみに、4位には大抵キンクスが入る）。つまり「英国ロック史上、屈指の名盤」が本作だ。それはM1「ババ・オライリィ」が鳴り始めた瞬間に、わかる。

今日の耳には、まるでこれはテクノのように聞こえるのではないか。シーケンス的に繰り返す、ローリー・バンクシャー・オルガンのループは、あるいは90年前後の「アシッド・ハウス」のように聞こえるかもしれない。

このM1の「Teenage Wasteland」というフレーズと呼応するのが、アルバムの最後、当時の邦題では「無法の世界」とされたM9（ストーンズの「無情の世界」に引っ掛けたのだろ

Who's Next – **The Who** (1971) Track・Decca, UK
Genre: Hard Rock

う）、しかし直訳するならば「もう二度と騙されるなよ」とのタイトルの1曲だ。ここでもオルガンのループがある。そしてこのナンバーは、60年代後半のカウンターカルチャーの終結を総括したもの、と評されることが多い。始まったばかりの70年代、まるで「荒れ地」のような希望のない世界へと歩を進めることへの不安を抱えながらも「自分の足で歩いていくんだ」と聴き手に語りかけている、誠実なステイトメントがそこには込められているのだ、と——。

とはいえ、そんなことを嗅ぎ取らなくとも、本作は十分に楽しめる。さすがの僕も、M1とM9がジェリー・ブラッカイマー制作の大人気犯罪捜査ドラマ『CSI：NY』と『CSI：マイアミ』のテーマにそれぞれ使われたのを初めて見たときは驚いたが。しかしまあ、歌詞の内容は合っていなくもなかった（ほかのCSIシリーズもテーマ・ソングはなぜか全部フーだ）。M2、M4、M8も人気が高い。

本作の前のスタジオ・アルバムは、あのロック・オペラの『トミー』だった。ギタリストであり、メイン・ソングライターのピート・タウンゼントはさらに構想を拡大したプロジェクト『ライフハウス』のために曲を書き溜めたのだが、それが頓挫。オクラ寸前だった曲の一部を救い上げたのがこのアルバムだった……というところで、この時期の彼らのクリエイティヴィティがいかに高いレベルにあったのか、ということがわかる。『ライフハウス』は海賊盤各種にて再現されている。

Tracks: M1: Baba O'Riley / M2: Bargain / M3: Love Ain't for Keeping / M4: My Wife / M5: The Song Is Over / M6: Getting in Tune / M7: Going Mobile / M8: Behind Blue Eyes / M9: Won't Get Fooled Again

85位

（RS 135／NME 206）：661 pt

スランテッド・アンド・エンチャンテッド

ペイヴメント（1992年／Matador／米）

DIY時代を駆け抜けた、青春のローファイ・ロック

この時代に広く人々から愛されたチャーム・ポイントを複数そなえていたせいで、一躍人気者となったバンド、ペイヴメントのデビュー・アルバムが本作だ。チャーム・ポイントとは、まず（1）インディー、（2）DIY、それから（3）ローファイ——この3つだった。

ローファイとは、オーディオ用語の「ハイファイ（Hi-Fi = High Fidelity、原音にとても忠実）」の逆だ。といっても「原音に不忠実」だという意味ではなく、「意図せずに音が悪い」とでもいったニュアンスだ。ボロっちいもの。録音どころか演奏までも「失敗してしまった」かのようなもの……のなかにある、なにやら得体の知れない脈動を「いいねえ」なんて感じとっては愛好するようなセンスを指す。

つまり、狙ってないのに「そうなった」ようなポイントにこそ存在する「かわいらしさ」を愛でる、とでも言おうか。（ちょっと古いが）日本で言う「ヘタウマ」みたいなものだ。この

Slanted and Enchanted – **Pavement** (1992) Matador, US
Genre: Indie Rock, Lo-Fi

味わいが十全に発揮されつつ、しかも「ポップな」人気曲がM1とM2だ。弾き語りから組み立てられたような、自然なメロディが好まれた。

DIYとは、日曜大工のように、ガレージでクルマを直すように、なんでも「自分の手で、自分のやりかたでやる」ということだ。そもそもアメリカ人は、なににもよらずこれが得意なのだが、バンド活動やレコード制作、その流通、コンサート・ツアーまで「自前で」やってしまえるようになったのが、80年代の後半だった。「インディー・バンド」や「インディー・レーベル」のネットワークが広く深く全米に根を張って、相互扶助的なエコシステムが整い始めたのが、このころだったからだ。

ヴォーカル、ギターでメイン・ソングライターのスティーヴン・マルクマスも、そんなネットワークのなかで育った。たとえば、彼が地元カリフォルニアのストックトンで曲作りに励んでいたとき、そのホーム・スタジオの所有者である元ヒッピーの中年男（他のメンバーより10歳以上年上だった）のギャリー・ヤングが「勝手に口を出してきて」ドラマーの座にまでおさまってしまったことも、ファンには面白がられていた（とはいえ、彼は本作のすこしあとに脱退することになるのだが）。

あらゆる意味で、DIY精神にのっとって制作されたような楽曲が並ぶのが本作であり、この点がカレッジ・ラジオを中心に人気を集めた。

Tracks: M1: Summer Babe (Winter Version) / M2: Trigger Cut / Wounded-Kite at :17 / M3: No Life Singed Her / M4: In the Mouth a Desert / M5: Conduit for Sale! / M6: Zürich Is Stained / M7: Chesley's Little Wrists / M8: Loretta's Scars / M9: Here / M10: Two States / M11: Perfume-V / M12: Fame Throwa / M13: Jackals, False Grails: The Lonesome Era / M14: Our Singer

84位

（RS 60／NME 279）‥663pt

トラウト・マスク・レプリカ

キャプテン・ビーフハート&ヒズ・マジック・バンド（1969年／Straight／米）

「だれも聴いたことがない」場所を目指して無灯火走行

確実に本作は「だれにでもお薦めできる1枚」ではない。というか、だれに薦めればいいのかもわからない。だがしかし、もし僕がレコード店の店長だったら、いつもかならず、このアルバムは切らさずに常備しておくだろう。その名を世に轟かせるキャプテン・ビーフハートの出世作にして、3枚目のアルバムが本作だ。

アウトサイダー・アートというものがある。一般的な美術制作の訓練を積んでいない、往々にして精神障害を持つ人々が作ったアートを指す。言うなれば本作は、音楽版の「そこ」をこそ目指した一大叙事詩として見るのが正しい。各種の不協和音、奇妙な転調（あるいは無調）、適当に（?）打ったビートが重なってポリリズムを成す——そしてなにより、ダミ声の、おっさん声の「ビーフハート声」だ。そこには（なんというか「ムダ」な）ソウルがある……。

マルチ楽器奏者でもあるビーフハート本人の、ほとばしるパッションがいたるところから顔

Trout Mask Replica **– Captain Beefheart & His Magic Band** (1969) Straight, US
Genre: Experimental, Art Rock

Tracks: M1: Frownland / M2: The Dust Blows Forward 'n the Dust Blows Back / M3: Dachau Blues / M4: Ella Guru / M5: Hair Pie: Bake 1 / M6:

を出す——本作が幾多の実験音楽と一線を画すのは、ここだ。この変てこりんな音楽は「熱い」のだ。ソウルフルなのだ。フリー・ジャズ、あるいは「ノー・ウェイヴ」と呼ばれた、80年前後のニューヨーク・アンダーグラウンド・シーンに、突如ブルース・ファンのおっちゃん（しかし楽器は下手で音痴）が乱入したら……もしかしたら、100回に1回ぐらいは、こんな感じになるかもしれない。

キャプテン・ビーフハートという名は、実験的・自由奔放ロックの巨匠フランク・ザッパの命名によるものだ。ザッパは高校のときからの友人で、本作のプロデュースも彼がおこなっている。前2作の結果に不満を持っていたビーフハートは、ザッパのバックアップを得て、ついに「心底からの芸術的自由」に覚醒した、という。

だもんで、録音時は参加メンバーのみんなが大変だったそうで、「マンソン・ファミリーみたいなカルト教団化していた」なんて声もある。そんな作業の果てに打ち立てられた本作は、全28トラック、アナログ盤2枚組の大作となった。

本作が、全世界のノイズ・バンドや前衛音楽ファンに与えたインパクトは絶大だ。意外なところでは、元祖ゴス・バンド、バウハウスのピーター・マーフィーと、ジャパンのミック・カーンが84年に組んだユニットの名が「ダリズ・カー」だったのだが、それはもちろん、本作M13の曲名にちなんだものだ。

Moonlight on Vermont / M7: Pachuco Cadaver / M8: Bills Corpse / M9: Sweet Sweet Bulbs / M10: Neon Meate Dream of a Octafish / M11: China Pig / M12: My Human Gets Me Blues / M13: Dali's Car / M14: Hair Pie: Bake 2 / M15: Pena / M16: Well / M17: When Big Joan Sets Up / M18: Fallin' Ditch / M19: Sugar 'n Spikes / M20: Ant Man Bee / M21: Orange Claw Hammer / M22: Wild Life / M23: She's Too Much for My Mirror / M24: Hobo Chang Ba / M25: The Blimp (mousetrapreplica) / M26: Steal Softly thru Snow / M27: Old Fart at Play / M28: Veteran's Day Poppy

83位

トランス・ヨーロッパ・エクスプレス

（RS 256／NME 81）：665 pt

クラフトワーク（1977年／Kling Klang／独）

未来地図を書き換えた、電子機器のような精密ポップ

とにもかくにも、ありとあらゆる国と地域のポップ音楽家に想像を絶する影響を与えたスーパー・バンドがドイツ（当時は西ドイツ）出身の彼ら、クラフトワークだ。複数のシンセサイザーを主要楽器として使用したのも、リズム・マシーンを多用したのも、ことそれが「新種のポップ音楽として成立していた」という点で見たならば、ずっと一貫して人類の先頭に立っていたのが、彼らだった。

たとえば日本的に言うと、ＹＭＯはもちろん、そのほかすべての「テクノポップ」バンドの始祖となったのが彼らだ。地球上のあらゆるエレクトロニック・ポップのゴッドファーザーがクラフトワークだ、と言い換えてもいい。

そんな彼らの6枚目のスタジオ・アルバムにして、代表作のひとつに数えられるのが本作だ。前々作『アウトバーン』（74年）は、ヨーロッパはもとよりアメリカでも大いに注目された。

Trans Europa Express – **Kraftwerk** (1977) Kling Klang, Germany
Genre: Electronic Pop, Synthpop

これは画期的なことで、なぜならそれまでの常識では、電子楽器が主体となっている音楽は、現代音楽や実験音楽のような「前衛的」なものばかりだと考えられていたからだ。しかし同作のタイトル・チューンは（アルバム・ヴァージョンの22分超を3分に編集したものが）ビルボードのホット100にランクインする（最高位は25位）という快挙を成し遂げる。この延長線上にあるポイントに向けて進行させていったのが本作だ。

たとえばM4、邦題「ヨーロッパ急行」（ちなみにアルバムの邦題もこれだった）はアフリカ・バンバータに無許可でサンプリングされることになる。ヒップホップの原型を作った3大DJのひとりである彼が、「ヨーロッパ急行」を使って制作したのが「プラネット・ロック」（82年）で、その大胆なアイデア、「新鮮な」ビートは、黎明期のヒップホップ・シーンに巨大な足跡を残した。そして「クラフトワークの音楽はファンキーなのだ」ということを、世界じゅうがあらためて認識した。だから本作が「ポップ」の付かないダンス音楽のテクノに与えた影響も、甚大だ。

間違いかもしれないが、ひそかに僕は、小池一夫の原作、叶精作が作画の漫画『実験人形ダミー・オスカー』（77年より連載開始）すら、クラフトワークの影響下にあるとにらんでいる。M3「ショールーム・ダミー」を初めて聴いた瞬間にそう直観した、のだが……どうなのだろうか？

Tracks: M1: Europe Endless (Europa Endlos) / M2: The Hall of Mirrors (Spiegelsaal) / M3: Showroom Dummies (Schaufensterpuppen) / M4: Trans-Europe Express (Trans Europa Express) / M5: Metal on Metal (Metall auf Metall) / M6: Abzug / M7: Franz Schubert / M8: Endless Endless (Endlos Endlos)

82位

（RS 125／NME 207）：670 pt

パール

ジャニス・ジョプリン（1971年／Columbia／米）

焦熱のブルース・ロックに人生のすべてを

女性ロック歌手のひとつの典型を形作ったのが彼女だ。まさに圧倒的、神懸かり、あるいは悪魔と取り引きしたかのような絶唱を得意とした。不世出のアーティストである彼女が、文字通り「世を去ろうとしていた」時期に録音されたのが本作だ。

ソウルフルでダイナミックなM1、M4には、ぶっとばされるしかない。僕が「ベイビー系」と呼ぶ、M2、M6のブルージーさも、すさまじい。まるで心臓を裏返しにしたみたいだ。「痛み」の転写が、これほどまでの高潔さを保ったまま、ポップ音楽のなかに存在することはきわめて稀だ。シングルが全米1位となったM7もいい。

しかし本作の白眉は、歌なしのインストゥルメンタルのM5かもしれない。「生きながらブルースに葬られ」との邦題が与えられたこの曲は、トラックは完成していたものの、歌入れの前にジョプリンが急逝してしまったため、この形での収録となった。本作の録音中だった70年

Pearl – **Janis Joplin** (1971) Columbia, US
Genre: Blues Rock, Soul, R&B

10月4日、ロサンゼルスのモーテルの一室で、ヘロインの過剰摂取によって、27歳で彼女は死亡する。

ドラッグとアルコール依存は、ジョプリンについて回った悪癖だった。死後に発表されたこのアルバムは、9週連続の全米1位を記録した。バンドの一員として、ソロとして、本作を含めて彼女は計4枚のアルバムを制作している。

ところで僕は、片岡義男さんと電車に乗っているとき「僕はサンフランシスコのクラブ、フィルモア・ウェストの楽屋で、ジャニス・ジョプリンに会ったことがあるんです」と唐突に告げられたことがある。そんな話は聞いたことがない、なにかに書きましたか?と尋ねる僕に「いいえ」と彼は答える。当時の彼女の状態は、もうかなり悪かった、とも言う。つまり想像するに、取材しようとして、うまくいかなかったのだろう。片岡さんには「ジャニス、たしかに人生はこんなものなんだ」という題の、架空ルポとも小説ともつかない奇妙な小品がある。そこでは取材者がジョプリンといっしょにツアー・バスに乗ったり、ビリヤードをしたりする。

テキサス州ポート・アーサー出身のジョプリンは、容姿も含めた複雑な劣等感を抱えていたそうだ。そんな彼女が音楽家として才能を花開かせたのが「全米じゅうの家出少年少女が集まる街」と揶揄《やゆ》された、60年代後半のサンフランシスコだった。愛と平和を称揚する夢見がちな季節が終わったころ、たったひとりで彼女は逝った。

Tracks: M1: Move Over / M2: Cry Baby / M3: A Woman Left Lonely / M4: Half Moon / M5: Buried Alive in the Blues / M6: My Baby / M7: Me and Bobby McGee / M8: Mercedes Benz / M9: Trust Me / M10: Get It While You Can

81位

ナッティ・ドレッド

（RS 181／NME 141）：680 pt

ボブ・マーリー&ザ・ウェイラーズ（1974年／Island・Tuff Gong／英）

Natty Dread – **Bob Marley & The Wailers** (1974) Island・Tuff Gong, UK
Genre: Roots Reggae

全世界がレゲエを知ったとき、そこには彼がいた

ジョン・レノンが「70年代はレゲエの時代になる」と予言したのは有名な話だ。この予言は40%ほどしか成就しなかったと僕は考えるが、しかし、レノンと並び称されるべき音楽的カリスマ、ポップ文化史上屈指の偉人が、世に広く知られることになったのは、まさにその時代だった。ボブ・マーリーこそが、その人物だ。

本作は、彼がアイランド・レーベルから発表した3作目のアルバムだ。英国人のクリス・ブラックウェルが経営するレコード会社がアイランドで、レゲエをイギリスの若者層に広める役割を担ったレーベルのひとつだ。そしてボブ・マーリーこそが、アイランド最大最高のスターだった。

マーリーは、アイランドからザ・ウェイラーズ名義で、まず73年に2枚のアルバムを発表し、少数のロック・ファンに注目される。状況が激変したのが、74年、マーリーの曲「アイ・ショット・ザ・シェリフ」がエリック・クラプトンによってカヴァーされ、全米1位の大ヒットとなったこと。このとき世の多くの人々が、ジャマイカ発祥のこの音楽スタイルの魅力を（間接的にではあるが）知った。

60年代より、レゲエの前身であるスカやロックステディが英米で単発のヒットとなることはあったものの、この「クラプトン効果」は大きかった。すでに極度に商業化され、肥大化しきっていたロックを「超える」可能性がある清新な音楽としてレゲエは注目された。その期待に満額で応えたのが、マーリーのこのアルバムだ。

レゲエとは、圧政や人間性に反する現代文明に対する「反逆」の音楽であり、「革命」をもうながすものだ、と真摯に告げるM4、M9。そんなときに依って立つのは、宗教的思想運動である「ラスタファリズム」（M1、M5、タイトル・チューンであるM6にその色が濃い）。そしてなんと言っても、マーリーの代表曲のひとつであるM2「ノー・ウーマン、ノー・クライ」がここで初めて公開されたことは大きい。のちにあらゆるジャンルの音楽家が、繰り返しカヴァーすることになる名曲だ。激しさのかたわらにある、無制限のやさしさ、甘さ、底抜けのロマンチシズムもまた、レゲエ音楽の魅力のひとつなのだと、多くの人が知ることになった。

本作のあと、マーリーはライヴ盤も織り交ぜながら、精力的にスタジオ・アルバムを制作。81年に36歳の若さで病に倒れるまで走り続けた。

Tracks: M1: Lively Up Yourself / M2: No Woman, No Cry / M3: Them Belly Full (But We Hungry) / M4: Rebel Music (3 O'clock Roadblock) / M5: So Jah Seh / M6: Natty Dread / M7: Bend Down Low / M8: Talkin' Blues / M9: Revolution

80位

（RS 174／NME 143）：685 pt

デザイア

ボブ・ディラン（1976年／Columbia／米）

仲間たちとの旅、ローリング・サンダーの季節

２０１６年にシンガー・ソングライターとして初めてノーベル文学賞を受賞した、ロック史上最高峰の詩人にして、数々の名曲・名演を世に送り出した音楽家、卓越した歌手、そしてつねに目が離せない波瀾万丈の人生を歩む「芸術神に愛された男」――そんなボブ・ディランの長きキャリアにおける、ピークのひとつがこれだ。邦題を『欲望』とする本作は、彼にとって17枚目のスタジオ・アルバムとなる。

本作の特徴は、ディラン作品において特筆すべき、大がかりなコラボレーション作業のもとに制作されたことだ。なんとあの彼が、楽曲の大半を共作している。『オー！　カルカッタ』などで知られる、ソングライターであり舞台監督でもあるジャック・レヴィとともに、全9曲のうち7曲を書いているのだ。カヴァーやトラッド曲を歌うことはあっても、書き下ろし曲で他者とここまで多くの共作をおこなうのは、ディランのキャリアのなかでもきわめてめずらし

Desire – **Bob Dylan** (1976) Columbia, US
Genre: Folk Rock

い。

たとえばM1、殺人罪で投獄されたボクサー、ハリケーン・カーターの冤罪を訴える詞が、熱く明瞭に、エモーショナルに展開されていく人気曲に、共作の効果があらわれている。誕生日に惨殺されたマフィアの殺し屋ジョーイ・ギャロに思いを馳せるM6など、ドラマ性の強い曲が目立つのは、レヴィとの化学反応のせいだろう。

この共作が生まれた理由は、75年にディランが指揮した伝説的なコンサート・ツアー「ローリング・サンダー・レビュー」の影響による。ジョーン・バエズや元バーズのロジャー・マッギンほか、名だたる音楽家が参加したこのツアーは、ほぼ宣伝なしで、全米各地の小さな会場を回る、というものだった。そしてマッギンの友人であり、このツアーの第一部の監督をつとめたのがレヴィだ。ツアーの本番がスタートする直前におこなわれた本作の制作は、大勢のツアー関係者がスタジオに呼ばれつつ、進められていったそうだ。つまり、ディランと仲間たちの「コラボの季節」が生んだ1枚が本作だということだ。ちなみに、ツアーは撮影されて映画『レナルド&クララ』の一部となったのだが、同作の脚本を、ディランはサム・シェパードと共同で書いている（そしてシェパードは、ツアーの同行記も上梓した）。

本作は「最も売れたディランのスタジオ・アルバム」の1枚としても知られている。5週連続の全米1位を記録、ダブル・プラチナムにも認定された。

Tracks: M1: Hurricane / M2: Isis / M3: Mozambique / M4: One More Cup of Coffee (Valley Below) / M5: Oh, Sister / M6: Joey / M7: Romance in Durango / M8: Black Diamond Bay / M9: Sara

79位

オートマチック・フォー・ザ・ピープル

（RS 249／NME 65）：688pt

R.E.M.（1992年／Warner Bros.／米）

Automatic for the People – **R.E.M.** (1992) Warner Bros., US
Genre: Alternative Rock

夕闇に向け飛んだ、ミネルヴァのフクロウの軌跡

カレッジ・ロック、という言いかたがある。別項でも触れた、アメリカの「カレッジ・ラジオ」局で人気のロック、という意味のほか「大学の門前町」のレコード店やクラブで親しまれているもの、という意味でも使われる。その大学に在学し、カレッジ・ラジオ周辺にたむろしている学生が組んだバンドが、その環境のなかで支持を集めることも、よくある。そんなバンドの典型例として、まず最初に名を挙げるべきなのがR.E.M.だ。ジョージア大学アセンズ校から彼らは巣立っていった。

本作は彼らの8枚目のアルバムだ。前作『アウト・オブ・タイム』（91年）および、シングル「ルージング・マイ・レリジョン」が大ヒット、グラミー賞にも多数ノミネートされるほどの、まさに「全国区の」人気を獲得した直後に制作されたのが本作。パワフルでアッパーだった前作（ラッパーのKRSワンまで参加している）とは打って変わって、内省的で静かな曲調のナンバーが並ぶ。テーマは「死」であるとも、終わりなき苦悶であるとも評される本作が、しかし傑出した美しさをも同時にたたえていることは、特筆すべきだろう。

素晴らしい効果を発揮したのが、ストリングスの起用だ。元レッド・ツェッペリンのジョン・ポール・ジョーンズがオーケストラ・アレンジを手掛けた4曲（M1、M3、M4、M11）は、スタンダード・ナンバーかと聞きまごうほどの、堂々たる深い余韻があとを引く。まさにカレッジ・ロックを「一段階上」のクラス、大学院レベルまで持っていったかのような、スケールの大きな名演だ。世にヴェルヴェッツ・チルドレン（＝ヴェルヴェット・アンダーグラウンドのファンを公言する後進バンドたち）は多いが、ここまでの高みに達したバンドは少ない。果たして本作は、大いなる好評をもって迎えられ、彼らの新たなる代表作としての地位を獲得した。

ところでアセンズとは、ギリシャの都市アテネ（Athens）の英語読みだ。同じくギリシャ起源の「オリンピア（Olympia）」という名のワシントン州の街があるのだが、名前のとおり、やはりそこにも前進的な大学があり、有名な「カレッジ・ラジオ」局もあった。その街のシーンに首を突っ込むところから大きく成長していったのがニルヴァーナのカート・コベインであり、94年に自殺した彼が、死の直前に聴いていたのが本作だったという。

Tracks: M1: Drive / M2: Try Not to Breathe / M3: The Sidewinder Sleeps Tonite / M4: Everybody Hurts / M5: New Orleans Instrumental No. 1 / M6: Sweetness Follows / M7: Monty Got a Raw Deal / M8: Ignoreland / M9: Star Me Kitten / M10: Man on the Moon / M11: Nightswimming / M12: Find the River

78位

（RS 68／NME 242）：692 pt

オフ・ザ・ウォール

マイケル・ジャクソン（1979年／Epic／米）

王子様をドント・ストップにさせた画期作

エルヴィス・プレスリーが「キング・オブ・ロックンロール」あるいはたんに「キング」と呼ばれたのにならい、「キング・オブ・ポップ」との尊称をのちに戴《いただ》くことになる、世紀のエンターテイナー、現実ばなれした「王子様」、ダンスするピーター・パン――マイケル・ジャクソンが、そのけた外れの才能と魅力を、ようやく全方位的に発揮し始めることになった、記念すべき1枚がこれだ。

本作は、彼が巨匠クインシー・ジョーンズをプロデューサーに迎えた初の作品であり、史上空前のモンスター・ヒット・アルバムとなった次回作『スリラー』（82年）の助走路に位置する1作だ。いや、ジャクソン自身のアーティストとしてのブレイクスルーという意味では、『スリラー』よりもこっちのほうが大きかった。

本作に至るまでに、彼は4枚のソロ・アルバムを発表していた。ソウルの名門モータウン・

Off the Wall – **Michael Jackson** (1979) Epic, US
Genre: R&B, Disco, Soul, Pop, Funk

レコードよりリリースされたそれらの作品にも、名曲や名唱はあったし、ヒット曲もあった。しかし「与えられた曲を歌っているだけ」のアイドル・レコードでしかなかった。兄弟グループ、ジャクソン5の一員として、幼少のみぎりからショービズの世界に身を置いていた彼に求められていたのは、「ちびっこスターのマイケル」のイメージの延長線上にいることだけ、だったからだ。だれも彼の内面や思想、真の個性などには重きを置いていなかった。

そんな彼の作詞作曲ナンバーが、ソロ・アルバムに初めて収録されたのが本作だ。まずはM1、シングルとして全米1位を獲得。おりしも世界じゅうを席巻していたディスコ・ブームの波に乗り、また同時に、ブームのなかでも傑出した大人気曲として、ありとあらゆる場所のダンス・フロアで愛された（日本では「今夜はドント・ストップ」との邦題が与えられた）。ジャクソンは共作も含むあと2曲を本作に寄せている。堂々たるファンクのM3、M4がそれだ。甘くテンダーな「ボーイフレンド」型の彼なら、M2とM8だ。タイトル・チューンのM5もディスコ・ヒットした。

半ば「眠れる獅子」状態だったジャクソンは、ジョーンズの的確なる指導のもと、本作で音楽的自我に目覚める。そして『スリラー』が、ポップ音楽の地盤全域に史上最大級の地殻変動をもたらす。すべての起点となった本作に記録されているのは、「神様のいたずら」とでも言うべき、奇跡的な瞬間だ。

Tracks: M1: Don't Stop 'Til You Get Enough / M2: Rock with You / M3: Working Day and Night / M4: Get on the Floor / M5: Off the Wall / M6: Girlfriend / M7: She's Out of My Life / M8: I Can't Help It / M9: It's the Falling in Love / M10: Burn This Disco Out

77位

イマジン

（RS 80／NME 227）：695 pt

ジョン・レノン（1971年／Apple／英）

想像力を持つ人類という種に贈ったレノンの花束

タイトル・チューンの「イマジン」（M1）は、ジョン・レノンの代名詞と言っていいナンバーだ。ロックの、音楽の、いや大衆文化の広大な沃野のなかに、この1曲が存在しているということは、人類の達成として誇るべきことだと僕は考える。

「想像しなよ」と聴き手に呼びかけるこのナンバーは、平和を、相互理解を、愛し愛されることや、あらゆる「違い」を持つ人々がそのままに共存していくことの豊かさについて、訥々と語り上げるものだ。天国がないから地獄もなく、国々もないから、そのために殺したり死んだりすることもなく、宗教もない——そして、すべての人々が「世界のすべて」をシェアしていく……そんな世界を「想像してみなよ」と。

ときに「お花畑」呼ばわりもされる、理想主義の極致のような歌詞が、このナンバーの特徴だ。もっとも「そんなふうに言われるよね、きっと」というところは、レノン本人が先回りし

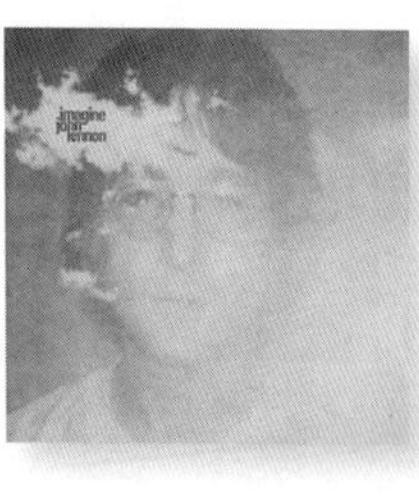

Imagine – **John Lennon** (1971) Apple, UK
Genre: Rock

て考えていて、すでに歌のなかで言及してもいる（You may say I'm a dreamer のところだ）。そして（じつにレノンらしく）先に言い返してもいる。「でも僕だけじゃないんだ」と。理想主義者は、夢を見る者は、と。

そして実際問題、彼だけじゃない。「イマジン」を聴くといつも僕は、ユネスコ憲章の前文を思い出す。「戦争は人の心の中で生まれるものであるから、人の心の中に平和のとりでを築かなければならない」という、あの有名な一文を含むものだ。この前文の精神の延長線上にあるのが、僕にとっての「イマジン」だ。日本国憲法の前文と9条も思い出す。レノンも国連も戦後日本も、第二次大戦の愚行と惨禍に「心底嫌気がさした」ところが出発点だという共通項があるのだ、と僕は考えている。

本作は、ソロ名義のアルバムとしては2枚目であり、大ヒット作ともなった。英米ほか各国での1位は当然としても、日本でのオリコン総合チャート1位は快挙と言っていい。まさに「ロックが世界を揺り動かしていた」時代がここだ。

スタンダードと化したM3など、スロー・ナンバーの傑作が多い。だからこそ逆に、M10のかわいらしさも光る。のちに奇行に走る（マスター・テープの持ち逃げなど）フィル・スペクターも、ここでは落ち着いた、品のいい作法でプロデュースをおこなっていて、好感度が高い。ジョージ・ハリスンと、バッドフィンガーの2人が参加しているところも見逃せない。

Tracks: M1: Imagine / M2: Crippled Inside / M3: Jealous Guy / M4: It's So Hard / M5: I Don't Want to Be a Soldier / M6: Give Me Some Truth / M7: Oh My Love / M8: How Do You Sleep? / M9: How? / M10: Oh Yoko!

76位

プリーズ・プリーズ・ミー

（RS 39／NME 264）：699 pt

ザ・ビートルズ（1963年／Parlophone／英）

ぴかぴかのアイドルが「ロック・バンド」の最初だった

イギリスにおける——だからつまり、これが正真正銘の——ザ・ビートルズのデビュー・アルバムだ。ロックにとって最も重要な季節だった60年代、つねに時代の先頭に立ち続けたのが彼らであることは、論をまたない。

とはいえ本作は、さすがに後年のごとく、音楽的アイデアの奔流がほとばしり出て止まらないような状態では、まだない。演奏力も、想像力も、「クラブで演奏しているバンド」の域を出るものではなかった。だがしかし「そんな段階なのに、すでに」とんでもなく「かわいらしい」のだ。溌溂とした魅力に満ちあふれているのだ。

若き4人がここで世界を魅了した最大の要因は「ロック・バンド」の闊達なる楽しさ、その表出だった。ギター（×2）、ベース、ドラムスというコンボ・スタイルで、メンバー全員が楽器を演奏し、コーラスし、ヴォーカルもとる……という、だれもが思い浮かべる「ロック・

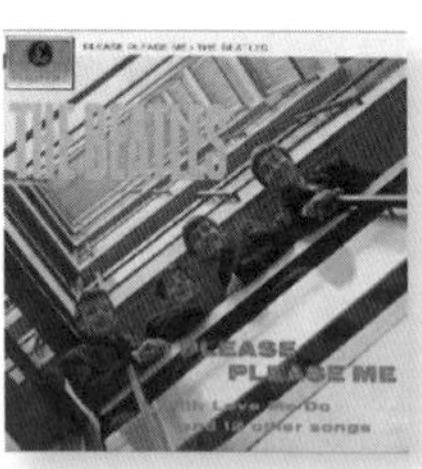

Please Please Me – **The Beatles** (1963) Parlophone, UK
Genre: Rock, Pop, Merseybeat

バンド」の典型的スタイルを世に広めた第一人者は、じつは、ビートルズだ（これ以前の時代は、歌手とバック・バンドという構成が大多数だった）。つまり「やんちゃな兄ちゃん」たちが横並びで組む「チーム」としてのバンドも、この4人が出発点だったと考えていい。

そしてこれが、まさに「アイドル」的に受けた。近年ならばワン・ダイレクション（1D）が「21世紀のビートルズ」なんて言われていた。つまり、超がつく「アイドル」としてデビューしたのが、このときのビートルズだった。一面、イギリスに連綿と続く、ボーイ・バンドの始祖もまた、彼らだったということを本作は示している（ところで日本でよく口にされる「ボーイズ・グループ」「ガールズ・グループ or バンド」というカタカナ語は、英語としての意味は一切成さないので注意が必要だ。1Dみたいな存在は、英語の世界では、あくまで「Boy Band」と表される）。

本作は、全14曲のうち6曲が「黄金時代」にあったアメリカのポップ、R&R、R&Bヒットのカヴァーであるせいで、50年代にも通じる、向日性のひまわりみたいな大らかさ、気の置けなさにも満ちている。そんな空気のなかで跳ねるのが「あの4人」なのだから、だれがどう聴いても金切り声を上げるしかない。捨て曲などあるはずもないが、オリジナルのM1で幕を開けるのはかぎりなく正しい。カヴァーならレノンが歌うM10が僕のお気に入りだ。

Tracks: M1: I Saw Her Standing There / M2: Misery / M3: Anna (Go to Him) / M4: Chains / M5: Boys / M6: Ask Me Why / M7: Please Please Me / M8: Love Me Do / M9: P.S. I Love You / M10: Baby It's You / M11: Do You Want to Know a Secret / M12: A Taste of Honey / M13: There's a Place / M14: Twist and Shout

75位

（RS 191／NME 104）：707pt

ファン・ハウス

ザ・ストゥージズ（1970年／Elektra／米）

恐山のロックンロール原始人が、一心不乱の謝肉祭を

聴けばいまそこに、まさに「大暴れ」中の、けだもののような奴らがいることがわかる。血か汗か、とにかくあらゆる体液が全身を濡らし、爬虫類のようにぬめりながら、目を光らせ、野獣のように唸り、または喉も裂けよと咆哮する奇怪な男は、のちに日本では「淫力魔人」との称号を与えられるシンガー、イギー・ポップだ。

八方破れのハード・ロックに乗せて、彼はこんな詞を歌う。

「主よ！／あー、ほー！／やめて！／あの猫見たか？／イエー、お前のことだ／彼女は俺を『TVの眼』で見たんだぜ」（M3「TVアイ」）――この支離滅裂と出所不明の熱情こそが、ストゥージズだ。本作は後世のロッカーたち、とくにパンク・ロッカーに聖典としてあがめられることになる、伝説のセカンド・アルバムだ。

ストゥージズは「ガレージ・ロック」シーン出身のバンドだ。ガレージ・ロックとは、アメ

Fun House – **The Stooges** (1970) Elektra, US
Genre: Hard Rock, Proto-Punk, Garage Rock, Blues Rock

リカの60年代の一時期にあったサウンド・スタイルを指す。ビートルズらの影響のもと、10代の若者たちがこぞってバンドを組み、自宅の「ガレージ」で練習したときに生じてしまった、なにやら荒削りで、猛々しくも心を駆り立てる、エキサイティングなロックのモード――これが「変異」して、ストゥージズになった。

名作と賞される（しかし売れなかった）第1作を経て、彼らはよりヘヴィに、より「むき出し」になる。衝動という衝動すべてをさらけ出したかのような、異形のロックがここにある。前述のM3、そしてM5は、いったい幾度カヴァーされたことか。酩酊を誘う魔術的なギター・リフが連続する様は、原始人の宗教儀式みたいだ。豚の悲鳴のようなサックスを大きくフィーチャーしたM7など、フリー・ジャズ風味ですらある――が、そこにポップのシャウトが加わると、ジャズとはならない。殺気立った、狂気のブルースになる。これが、ストゥージズだ。

ちなみにストゥージズとは、20年代より映画やTV番組で繰り返し人気となったコメディ・グループ「The Three Stooges（日本では「三ばか大将」）」に由来している。ポップによると「ちゃんと本人に許可はとった」とのこと。また、ポップの、異様に体脂肪率が低い、細身なれども筋肉質の体躯は、映画『ロード・オブ・ザ・リング』の悪鬼兵オークの肉体モデルともなった。つまり、筋金入りの「知性ではなく野性」のロックが、ここにある。

Tracks: M1: Down on the Street / M2: Loose / M3: T.V. Eye / M4: Dirt / M5: 1970 (a.k.a. "I Feel Alright") / M6: Fun House / M7: L.A. Blues

74位

（RS 93／NME 198）：711pt

サイン・オブ・ザ・タイムズ

プリンス（1987年／Paisley Park・Warner Bros.／米）

混乱が生んだ「時のきざし」の混沌美

きわめて個性的なシンガー・ソングライターにしてプロデューサー、傑出したギタリストにしてマルチ楽器演奏者、ダンサー、パフォーマーとしても超一流……そして、それらのすべてにくっきりと「プリンス印」が付く（ときには、読めない記号が付く）、80年代ポップ音楽シーンの覇者のひとりである彼の、9枚目のスタジオ・アルバムが本作だ。アナログ2枚組、80分近くの大作として発表されたのだが、じつはこれでもかなり「削いで」いて、元来は3枚組として構想されていたという。

さらには、自らのヴォーカルを録ったテープを、通常より速い回転で再生し、女性のような高さの声にして、「カミール」という中性的なペルソナを演じてアルバムを作る、という計画も進んでいたのだが、本作以前に頓挫していた。そのアイデアも、ここにつながっている。つまり、とてつもなく大がかり、かつユニークすぎる制作裏話が本作にはあった。しかし驚くこ

***Sign"O" the Times* – Prince** (1987) Paisley Park・Warner Bros., US
Genre: R&B, Funk, Soul, Rock, Electro Funk

とはない。だってそれがプリンスなのだから。

　こうなってしまった理由のひとつは、バックバンドとして長年プリンスとともに行動していたザ・レヴォリューションが解散してしまったからだ。出世作である『1999』（82年）からずっと、4枚もの大成功作をともに制作してきたバンドが「いなくなる」というのは大きい。そんななかで彼が大車輪で活躍した結果が本作だ。

　聴きどころはまず、前述の「変声」を駆使したM10、M11。前者、変声の彼とシーナ・イーストンがからむこの曲は、最高位全米2位のヒットとなる。変声でこんなヒットを飛ばせるのは、「ベースなし」のファンクで全米1位を2回獲った（「ホエン・ダブズ・クライ」と「キッス」）彼ならではだ。また後者は、その両性具有的な視点が光る歌詞も絶賛された。タイトル曲であるM1のクールネスも見事だ。

　本作は、『パープル・レイン』以来初めて、全米トップ10シングルを3枚生む成功をおさめる。が、彼の芸術的欲求は一向におさまらず、この年にはもう1枚のアルバムを完成させて、しかも発売直前にボツにする。これが世にも有名な『ザ・ブラック・アルバム』で、海賊盤で500万枚以上が流通したとの伝説がある（94年にワーナーから正式発売された）。

　まさしくここは「混乱の季節」だったのだろう。が、やはりプリンスともなると、混乱の規模やら深度が桁違いだという実例のひとつが、本作だ。

Tracks: M1: Sign “O” the Times / M2: Play in the Sunshine / M3: Housequake / M4: The Ballad of Dorothy Parker / M5: It / M6: Starfish and Coffee / M7: Slow Love / M8: Hot Thing / M9: Forever in My Life / M10: U Got the Look / M11: If I Was Your Girlfriend / M12: Strange Relationship / M13: I Could Never Take the Place of Your Man / M14: The Cross / M15: It's Gonna Be a Beautiful Night / M16: Adore

73位

(RS 77／NME 197)：728pt

バック・イン・ブラック

AC／DC（1980年／Albert・Atlantic／豪・米）

現実ばなれした「ロックのスーパーヒーロー」大逆転劇

もう終わりだ、とだれもが思った瞬間、主人公が放った大技で一発大逆転！――とかいった、まるで漫画みたいな展開を現実世界で達成してしまった1枚がこれだ。オーストラリアが誇るハード・ロッカー、AC／DCの、7枚目のアルバムである本作は、徹底的に豪快で爽快な、ロックの「気合い」に満ち満ちた痛快作だ。

本作の制作直前、ヴォーカリストのボン・スコットが急死する。死因は、酩酊して自らの吐《と》瀉物《しゃぶつ》にて窒息したため（ロック業界ではよくある死因だ）だったのだが、このニュースはシーンに衝撃を与えた。なぜならば、彼らは前作『地獄のハイウェイ（Highway to Hell）』（79年）が米英でも大ヒット、バンドのキャリアが最高潮に達していた時期だったからだ。ゆえに、熱心なリスナーほど真っ暗な気持ちになっていた……のだが、そんな予想のすべてを裏切って、なんと、スコットの死から半年経たずして届けられたのが、この大充実の1枚だった。

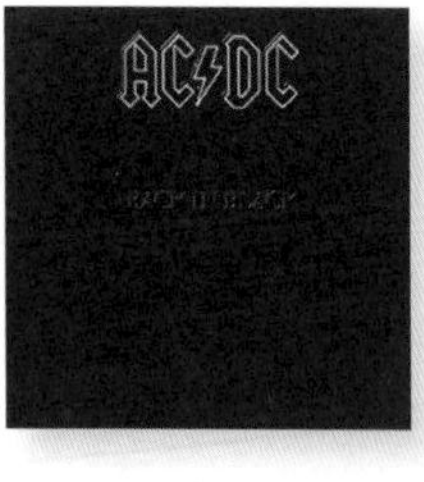

Back in Black – **AC/DC** (1980) Albert・Atlantic, AU・US
Genre: Hard Rock

邦題を「地獄の鐘の音」とするＭ１から、飛ばしまくりだ。Ｍ７（同「狂った夜」）、Ｍ８（同「死ぬまで飲もうぜ」）もすごい。新加入のヴォーカリスト、ブライアン・ジョンソンのハイトーンが突き刺さる。しかしなんと言っても、本作の真なる偉大さを決定づけたのは、タイトル・チューン（Ｍ６）のギター・リフだ。

地上で最も有名なギター・リフ、その上位5傑には絶対に入る――このフレーズを聴いて血が騒がない人がいたら、悪いことは言わない、ロックを聴くのをやめたほうがいい。ありとあらゆる映画やＴＶ番組、ＣＭなどで、「バック・イン・ブラック」のリフは使用され続けている。まるで発火装置であるかのように。

しかしこのリフですら、ギタリストのアンガス・ヤングにとっては、幾多の偉業の一例に過ぎない。ブレザーにショート・パンツという「スクール・ボーイ」ファッションでＳＧを弾きまくる彼の功績の数々は計り知れない。鈍重な商業的ヘヴィメタルがまさに世を覆わんとしていたこの時代に、彼は、ブルースの山塊にもつらなるピュア・ハード・ロックの原石を、まさに削り出すようにして開陳してくれた。

そして本作は、とてつもなく売れた。「史上最も売れたアルバム」の第１位はマイケル・ジャクソン『スリラー』なのだが、なんと3位がこの『バック・イン・ブラック』なのだ（５０００万枚を突破）。本当に、漫画みたいだ。

Tracks: M1: Hells Bells / M2: Shoot to Thrill / M3: What Do You Do for Money Honey / M4: Given the Dog a Bone / M5: Let Me Put My Love into You / M6: Back in Black / M7: You Shook Me All Night Long / M8: Have a Drink on Me / M9: Shake a Leg / M10: Rock and Roll Ain't Noise Pollution

72位

ドゥーキー

(RS 193/NME 75):734pt

※72位、71位の2枚が同スコア

グリーン・デイ(1994年/Reprise/米)

スポーツみたいに爽快なアメリカン・パンクの爆発

パンク・ロック、あるいはその源流となったタイプのロックの原産国と言っていい地でありながら、つねに「パンクを冷遇」していたのがアメリカ音楽界の「メインストリーム」だった。そこに風穴を開け、パンク・ロックを(あるいは、パンク風のロックを)メインストリームのなかへと押し上げたバンドのひとつがこのグリーン・デイだ。

本作は彼ら3枚目のアルバムにして、初のメジャー・リリース作。全米大ヒット(最高位2位)、グラミー賞にも複数ノミネート(最優秀オルタナティブ・グループ賞を受賞)という、一大出世作ともなった。バンドの代表曲のひとつともなったM7「バスケット・ケース」もシングル・ヒットした。こんな歌だ。

「ときどき俺、自分が気持ち悪くなる/ときどき、俺の心が俺を騙す/ずっと続いて、積もり積もって/俺、壊れちゃってるんだと思う/ただの偏執症?/それともただ、ストーンしてる

Dookie – **Green Day** (1994) Reprise, US
Genre: Punk Rock, Pop Punk

だけ?」

グリーン・デイの音楽は、基本的にとても抜けがよく、明るい。憎悪や鬱屈や怨念が、ダークな響きのマイナー・コードを通じて発散されることは、あまりない。晴れ渡ったカリフォルニアの空を思わせる、屈託のない「ポップな」パンク・ロックが彼らの身上だ。まるでスポーツのように快活で楽しい、そんなサウンドのなかで、しかしときに「バスケット・ケース」のような詞が歌われるところに、若いリスナーが敏感に反応した。彼ら彼女らと同じ高さの視点から、青春期特有の「ゆらぎ」のごとき不安感をとらえ得たこの地点から、グリーン・デイの躍進が始まっていった。

本作ではM1、M5、M8の人気も高い。この時代、いったいどれほどの数のホーム・パーティで、これらの曲がプレイされたことか。

イースト・ベイ、と呼ばれる地域がある。これは「サンフランシスコ市から湾をはさんで東側」という意味だ。オークランド、バークレー、アラメダほか「サンフランシスコ・ベイエリア」一帯の東岸の地域がそこに含まれる。これらの土地ではそもそも音楽が盛んで、ファンクやヒップホップの一大産地でもあったのだが、パンク・バンドも数多くいた。これら「イースト・ベイ・パンク」の出世頭筆頭となったのがグリーン・デイで、同時期に活躍したランシドらとともに、アメリカ社会におけるパンク・ロックの地位向上に、大いに貢献した。

Tracks: M1: Burnout / M2: Having a Blast / M3: Chump / M4: Longview / M5: Welcome to Paradise / M6: Pulling Teeth / M7: Basket Case / M8: She / M9: Sassafras Roots / M10: When I Come Around / M11: Coming Clean / M12: Emenius Sleepus / M13: In the End / M14: F.O.D. / M15 (Hidden Track): All by Myself

71位

（RS 42／NME 226）：734pt ※72位、71位の2枚が同スコア

ザ・ドアーズ

ザ・ドアーズ（1967年／Elektra／米）

愛の夏のすこし前、漆黒の翼の詩人が人の世を睥睨《へいげい》した

大ヒット作であり、だれもが知る名盤であり、そして同時に、カルトな支持をも集め続ける——そんな、ありそうで「あまりない」三拍子を同時に実現させたのが、ザ・ドアーズのデビュー・アルバムだ。67年の1月に発表された本作は、まさに「時代を創った」1枚だ。

まず、全米1位のヒット・シングルとなったM6。「ハートに火をつけて」との邦題を与えられたこのナンバーは、じつに特異な1曲だった。暗く、しかしパワフルな響きをそなえた声が、呪詛のように呼びかける。空間を支配するのは、キーボードだ。左手で電子ピアノ、フェンダー・ローズのピアノ・ベースを弾いて、右手でVOXコンチネンタル・トランジスタ・オルガンを操る、レイ・マンザレクの「洪水のような」フレージングに圧倒される、なんとこの7分超のナンバーが、売れに売れた。当時、これほどの長さの曲がヒットすることは稀だった。言い換えると「稀なこと」が連続して起こるような、奇妙に歪んだ時空のなかに、このときの

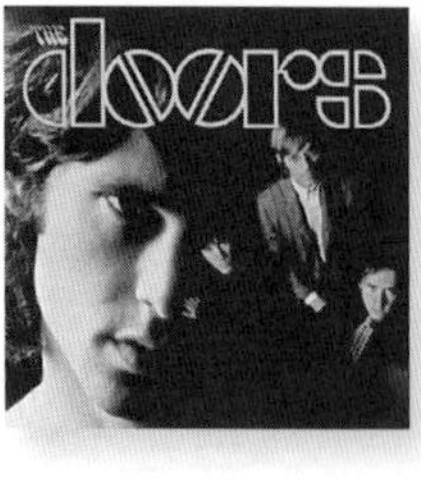

The Doors – **The Doors** (1967) Elektra, US
Genre: Psychedelic Rock, Acid Rock

彼らはいた。

しかし「長い」と言うならば、M11だ。のちにフランシス・フォード・コッポラ監督の『地獄の黙示録』（79年）でも使用されたこの「ジ・エンド」は、11分41秒もあった（しかし、彼らのステージではよくプレイされた）。これを最終曲として、「（向こう側に）突き抜けろ」という意味の題を持つM1とのあいだには、まさに「ロック音楽の領域を広げる」かのような、意欲的なナンバーが並んでいた。のちにデヴィッド・ボウイも好んでカヴァーしたブレヒト作のM5も聴きどころだ。

ドアーズのカルト的な部分を一身に背負っていたのが、UCLAでコッポラの同窓生だったヴォーカリストのジム・モリソンだ。天衣無縫に、官能的に、あたかも遠くギリシャ神話のアポロンかオルフェウスのように、彼は言葉をつむぎ、黒いレザー・パンツを穿き、聴く者を挑発する……このとき、カルト要素のすべての意味が反転、新しい時代の「知覚の扉」を開くものとして、熱狂的に受け入れられた。

本作が発表された年、1967年の夏は「マジック・サマー」あるいは「サマー・オブ・ラヴ」と呼ばれた。カウンターカルチャーが大爆発し、愛と平和を旗印に、米英の先進的な地域でサイケデリック・ロックが猛威を振るった。「ジ・エンド」と歌いながら、そんな時代の幕開けを告げた1枚が本作だ。

Tracks: M1: Break On Through (To the Other Side) / M2: Soul Kitchen / M3: The Crystal Ship / M4: Twentieth Century Fox / M5: Alabama Song (Whisky Bar) / M6: Light My Fire / M7: Back Door Man / M8: I Looked at You / M9: End of the Night / M10: Take It as It Comes / M11: The End

70位

マーマー

(RS197／NME69)：736pt ※70位、69位の2枚が同スコア

R.E.M.（1983年／I.R.S.／米）

不可解こそ我が人生、と新星は不敵に言い放つ

初々しさがまったくない、というところが逆に初々しくもある、R.E.M.のデビュー・アルバムが本作だ。のちにカレッジ・ロック・シーンを背負って立つかのように活躍し、オルタナティヴ・ロックの先駆者として名声を獲得する彼らの「最初の一歩」は、なんというかじつに、もじもじとしていた。

そうなった最大の理由は、ヴォーカリストのマイケル・スタイプのせいだ。彼の歌は「よくわからない」と、このころよく言われた。滑舌の悪いトム・ペティみたいな歌いかたが原因とも言えるのだが、しかし、ちゃんと聞き取ったところで意味不明の内容だったりもするのだ。たとえば、こんなふうに。

「僕らなにか見落としたっけ?（×4回）／カタパルト（カタパルト）、カタパルト（×4回）」（M7）

Murmur – **R.E.M.** (1983) I.R.S., US
Genre: Post-Punk, Folk Rock, Alternative Rock

「髪を結いなよ、僕らは出ていく／きみの袖に11の絞首台／軽薄な姿、勝った奴の総取り／11の影、ここから抜け出す／立つのが早すぎ、部屋のなかで肩の高さに（×2回）」（M6）

これらは抽象ですらなく、シュルレアリスムと分類すべきだろう。だが、この「さっぱりわからない」詞が、歌として強靱なグリップ力を発揮するところ、ここに初期R.E.M.の不気味な真骨頂があった。ギタリスト、ピーター・バックの貢献が大きい。ザ・バーズを彷彿とさせる、きらきらしたリッケンバッカー・サウンド、つまり「ジャングリー・ギター」が彼の持ち味なのだが、これがタイトなリズム隊と合致すると、見事なる推進力が生まれる。聴き手を吸引して、先へ先へと連れていく。

かくして、たとえばシングルにもなったM1の、以下のような意味不明のフレーズで「聴き手が高揚する」なんていう、奇妙な状態が普通に出来する。

「荒れ狂う駅／我を忘れて／移動中に呼び出している（×2回）／レディオ・フリー・ヨーロッパ／レディオ」（M1）

この「奇妙さ」が、一部のリスナーを病み付きにした。セールス的には地味だったが、米英の批評家筋を瞠目させた。とくに〈ローリング・ストーン〉は、83年のベスト・アルバムに本作を選んだ。マイケル・ジャクソンの『スリラー』、ポリスの『シンクロニシティ』、U2の『ウォー』などの候補作を破っての受賞だった。

Tracks: M1: Radio Free Europe / M2: Pilgrimage / M3: Laughing / M4: Talk About the Passion / M5: Moral Kiosk / M6: Perfect Circle / M7: Catapult / M8: Sitting Stil / M9: 9–9 / M10: Shaking Through / M11: We Walk / M12: West of the Fields

69位

トランスフォーマー

（RS 194／NME 72）：736pt

※70位、69位の2枚が同スコア

ルー・リード（1972年／RCA／米）

永遠にあでやかに咲き誇る、ロックの陰花植物

なんでこんなに低位なのか?!――と私憤を抱かずにはおれないほどの、名盤中の名盤がこれだ。ルー・リードのソロ第2作となる本作は、彼の長きキャリアのなかでも、まず最初に名を挙げるべき代表作だ。つまり「ある特定の種類の」ロックの最高峰に位置する1枚だということだ。体制に、世間の「主流派」に背を向け続ける（or 向けざるを得ない）人々に寄り添い、そして決して裏切らないタイプのロックの。

テーマの主軸は、今日で言うＬＧＢＴＱの、しかも「恵まれていない」人々の人生そのものだ。「性倒錯者」なんて言葉が当たり前だったこの時代、その魂ゆえに白眼視され、凄絶な迫害を受けたため、故郷のすべてを捨てて出奔、ニューヨークに「上京」してくる人が、どれほどいたことか……まさにそんな状況を歌ったのが、「ワイルド・サイドを歩け」との邦題が与えられた、永遠の名曲であるＭ５だ。こんな光景がスケッチされる。

Transformer – **Lou Reed** (1972) RCA, US
Genre: Rock

マイアミからヒッチハイクしてきたホリーは、眉を抜いて脚を剃り、男性から女性になる。そして「Hey babe, take a walk on the wild side」と、だれかに向かって呼びかける。そのほか、ヴァースごとに違う人物が登場しては「ワイルド・サイドを歩きなよ」と呼びかける。

ワイルド・サイドとはなにか？　具体的には、大都会で売買春すること、かもしれない。ドラッグの使用かもしれない。退廃であり背徳であり、都市の闇に沈む汚穢《おわい》のような人生、かもしれない……だがそんなすべてを、まるで慈父のようにやさしく、あたたかく包み込むような視線がこのM5を、いやアルバム全体をつらぬいている。

リードはこう言っているのだ。「世間がいかに酷薄だろうが」「お前『だけ』が間違ってる、と責められようが」——知ったことか！（＝Take a walk on the wild side）と。あたかもそれは、地球上の各地で孤立していた少年少女たちが、マーベル・コミックス『Xメン』シリーズの「ミュータント」というタームに激しく反応したのと同質の効果をもたらした。「ロックとは『こっち側』のもの」なんだ！と。

そのほかも名曲ぞろいだ。M3、M7も「畢生《ひっせい》の」ナンバーだろう。本作はヴェルヴェッツのファンだったデヴィッド・ボウイと、ジギー・スターダストを演じ中の時期だった彼のバンドのギタリスト、ミック・ロンソンが共同プロデュースしている。ロンソンのギターが冴えるM1もいい。どんな基準でも30位以内は当然だろう？と僕は思うのだが……。

Tracks: M1: Vicious / M2: Andy's Chest / M3: Perfect Day / M4: Hangin' 'Round / M5: Walk on the Wild Side / M6: Make Up / M7: Satellite of Love / M8: Wagon Wheel / M9: New York Telephone Conversation / M10: I'm So Free / M11: Goodnight Ladies

68位

（RS 251／NME 14）：737pt

ロウ

デヴィッド・ボウイ（1977年／RCA／米）

ベルリンで開花した、前人未到の「サウンドとヴィジョン」

デヴィッド・ボウイ通算11作目のアルバムにして、ベルリン時代の幕開けを告げる1枚がこれだ。本作は発表当初、賛否両論を呼んだ。レーベルの重役は「これはボツにして、もっと『ヤング・アメリカンズ』みたいなのを作ってよ」と本人に手紙を書いたとか。いやボツにならないでよかった。なぜならば本作は、とくにサウンド面で、文字どおり「ロックの未来予想図」となった1枚だからだ。

問題視された理由は、まず第一に「歌ものらしい曲」が計5曲（M2、M3、M4、M5、M6）しかないところ、だろう。第二に、過半数を占める「ほぼインストゥルメンタル」のナンバーの、とくにアルバム後半部が、鎮静的なシンセサイザーが渦を巻く、アンビエント音楽の強い影響下にあるものだった——からだと考えられる。ついこないだまで、眉毛剃ってコカイン食ってロックスター業にいそしんでいた男が、なぜ突然にアンビエントなのか？と、大向

Low – **David Bowie** (1977) RCA, US
Genre: Art Rock, Electronic, Avant-Pop, Ambient

こうを大混乱せしめた……のが本作だった。

ベルリン時代のボウイを語る上で、欠かせない人物がブライアン・イーノだ。ロキシー・ミュージックのキーボーディストとして世に出た彼は、つまりはかつてのボウイ同様グラム・ロッカーだったのだが、このときはアンビエント音楽の先駆けともなっていた。彼とボウイが共作したのがM8「ワルシャワ」で、本作全体のトーンを象徴する1曲だ。このほかイーノは全編にわたってキーボードなどで活躍した。

この当時のボウイは、クラフトワークなどの電子楽器を多用したドイツ産ロックに傾倒していた。そんな彼の指向性をしっかりつかんで伸ばしたのが、共同プロデューサーのトニー・ヴィスコンティだ。彼が導入した最新鋭機器、イヴェンタイドH910ハーモナイザーは、スタジオに革命を起こした。とくにスネア・ドラム。各曲で聴ける、色鮮やかに弾けるような破裂音の魅力――このスネア・サウンドが、ニューウェイヴ、ポスト・パンクの時代に、いったい幾度模倣されたことか。

もっと正確に言うと、「本作がなければ」ニューウェイヴ、ポスト・パンク以降のロック音楽の全体像すら、まったく様相は違っただろう。それほどまでの、桁外れのインパクトをいきなり世に投げかけたのが、突如「アート指向」となった、このときのボウイだった。ここから『ヒーローズ』(77年)、『ロジャー』(79年)と続くのが、ボウイの「ベルリン三部作」だ。

Tracks: M1: Speed of Life / M2: Breaking Glass / M3: What in the World / M4: Sound and Vision / M5: Always Crashing in the Same Car / M6: Be My Wife / M7: A New Career in a New Town / M8: Warszawa / M9: Art Decade / M10: Weeping Wall / M11: Subterraneans

67位

ダークネス・オン・ジ・エッジ・オブ・タウン

（RS 150／NME 109）：743pt

ブルース・スプリングスティーン（1978年／Columbia／米）

都会の端っこの闇のなか、聖者になるのは大変なんだ

彼の全キャリアのなかで、きわめて重要な瞬間をとらえた1枚が、通算4作目となるこのアルバムだ。このときほとんど、スプリングスティーンは「終わりかけていた」。

前作『ボーン・トゥ・ラン（邦題『明日なき暴走』）』（75年）にて初の全米トップ10入りを達成、一躍「時の人」となった彼が直面したのはマネジネントのトラブルだった。この争いは長期化し、なんと「解決までレコーディング不可」との裁定が下ってしまう。結果、3年近くの雌伏の期間を経て発表されたのがこのアルバムだった。そしてここには、（世間が待ち望んだだろう）前作のような疾走型のロックンロールはほとんど収録されなかった。しかし本作は熱い支持を獲得。そしてスプリングスティーンは大復活を果たすことになる。

本作のトーンを決定づけたのは、その「平熱感」だ。たとえば、土曜の夜に街の大通りを改造車でかっ飛ばす兄ちゃんの「高揚」を転写したのが前作だったとしたら、「それ以外の時間

Darkness on the Edge of Town – **Bruce Springsteen** (1978) Columbia. US
Genre: Rock

帯」の彼の心理の軌跡を丹念に描き出そうとしたのが、本作だ。ちょうど、ジャケット写真のスプリングスティーン自身の姿のような「どこにでもいる庶民」が日々体験するような、愛と喪失、鬱屈と痛みが刻み付けられた歌が並ぶ。

といっても、アルバムには陰鬱なトーンや、悲痛な重さはとくにない。ある種あっけらかんとした語り口は、フォークロアのそれに近い。あるいは、開拓時代の無法者を描いた西部劇的ストーリー……いや、やはり優れた米文学の短篇小説だろうか。

象徴的なナンバーがM1だ。明らかに人生がうまく行っていない、くすぶり系の男が彼女に向かって、愚痴のような、地に足がつかない曖昧な夢みたいなものを問わず語りする——というこの曲が、コンサートでは大合唱の1曲となる。華やかなコード進行のコーラス（サビ）部分がそれだ。「不毛の地、お前は毎日それを生きなきゃならない（Badlands, you gotta live it everyday)」なんて苦いフレーズが、まるで讃歌のように高らかに響きわたり、聴く者の心を鼓舞する！のだ。勇気の源となるのだ。こうした重層的な構造が、この先のスプリングスティーンの得意技となっていく。

シングル・ヒットはなかったが、本作の収録曲は、M1同様、彼のライヴでレパートリーとして定着するものが多かった（M5、M6、M10など)。この年〈NME〉は本作を年間ベスト・アルバムに選んだ。邦題は『闇に吠える街』だった。

Tracks: M1: Badlands / M2: Adam Raised a Cain / M3: Something in the Night / M4: Candy's Room / M5: Racing in the Street / M6: The Promised Land / M7: Factory / M8: Streets of Fire / M9: Prove It All Night / M10: Darkness on the Edge of Town

66位

アペタイト・フォー・ディストラクション

（RS 62／NME 194）：746pt

ガンズ・アンド・ローゼズ（1987年／Geffen／米）

都市のジャングルの「路上」がロックを蘇生させた

劇的に、という言葉が相応しい大ヒットにして、当時の音楽業界を引っかき回したスーパー・ヒット作が本作だ。全米１位は当然として、ビルボード・トップ２００内に１４７週間（つまり、３年近くだ）も居座り続け、それからも売れて、近年では全世界累計で３０００万枚を突破している、という——つまり、モニュメンタルと評すべきハード・ロック・アルバムが、彼らのデビュー作だった。

なにがどう「劇的」だったのか？というと、ある意味で本作は「メタルを救った」からだ。ヘヴィメタルは、ハード・ロックは、あるいはロックンロールは「シリアス・ビジネスなのだ」ということを、実力によって証明してみせたことだ。

80年代後半のこの時期、ヘヴィメタルの地盤沈下は底なしだった。とくにロサンゼルスを中心地としたグラム・メタル勢は、「ヘア・メタル」という蔑称を与えられて、お笑いの対象に

Appetite for Destruction – **Guns N' Roses** (1987) Geffen, US
Genre: Hard Rock, Glam Metal

すらなっていた。ヘア・スプレーで大きく盛り上げた長髪や、厚化粧、派手な色調のタイツ……といった外見が揶揄されていたのだが、実際のところこれは、ほとんどファンタジーの領域に入りつつあった、彼らの歌詞やサウンド・スタイルの書き割り的陳腐さをも批判したものだった。悪趣味なMVの映像が現実世界を侵食したような状況は、シンセポップやR&Bだけではなかった。メタルは本当に、ひどいことになっていた。主要客は小学生男児じゃないかというほどに。

そんな状況下で、殺伐とした「ストリート」の息吹きをたたえたハード・ロックを打ち鳴らしたのが彼らだった。「ジャングルへようこそ」と歌われる、大ヒット曲のM1が指すジャングルとは、LAのことだ。真夜中の同地の、いかがわしいクラブや、麻薬の売人がうろうろする裏通りのことだ。そこに突如あらわれた、長いストレートの金髪をたなびかせ、金属音のような「とがった声」で聴く者を挑発するアクセル・ローズのヴォーカルには、覚醒的な効果があった。ギタリスト、スラッシュのクールな佇まいを、ギャングの連中までもが真似をした。新時代の緊張感あるハード・ロックが人々を狂喜させた。ドラマチックなM6、見事なパワー・バラッドのM9といった人気曲は、今日ほぼスタンダード・ナンバーと化している。

50年代以来、ロックは周期的に危機に瀕する。しかし絶滅は免れる。このときのヒーローはまさしく彼らであり、このアルバムだった。

Tracks: M1: Welcome to the Jungle / M2: It's So Easy / M3: Nightrain / M4: Out Ta Get Me / M5: Mr. Brownstone / M6: Paradise City / M7: My Michelle / M8: Think About You / M9: Sweet Child o' Mine / M10: You're Crazy / M11: Anything Goes / M12: Rocket Queen

65位

アット・フォルサム・プリズン

（RS 88／NME 164）：750pt　※65位、64位の2枚が同スコア

ジョニー・キャッシュ（1968年／Columbia／米）

最硬度のアウトロー文芸が、ジェイルハウスをロックする

ライヴ盤であり、まずなんと言っても観客の声援がすさまじいのだが、それが演者の側にいい化学反応を起こさせている。臆することなく、余裕綽々《しゃくしゃく》で客に語りかけるカントリー歌手、ジョニー・キャッシュの様子は、まさに「アウトロー・ヒーロー」の風格あふれる奥行きだ。ここの「客」とは、囚人たちだったからだ。

本作が収録されたのは、カリフォルニア州立フォルサム刑務所。死刑囚を含む重犯罪者を収容する、最高度警備の刑務所だった。そしてキャッシュには「フォルサム・プリズン・ブルース」（M1）というヒット曲があった。最初にリリースされた1955年以来、これは数多くの「受刑者」たちからも愛されていた。こんな内容の詞が受けた。

歌の語り手の男はフォルサムにいる受刑者だ。窓の外を列車が通り過ぎていくのが聞こえる。遠ざかる列車と、囚われの自分自身。この対比が男の心をさいなんでいく……こんなストーリ

At Folsom Prison – **Johnny Cash** (1968) Columbia, US
Genre: Outlaw Country, Rockabilly, Folk

ーのなかで、まさに「キラー」と言うべきラインがこれだ。

「ほんの子供のころ、ママは俺に言った／坊や、いつもいい子でね。銃で遊んではいけません／でも俺はレノで男を撃った。ただそいつが死ぬのを見たかったから」

異様なほどの、と言っていいだろう。本当に人を殺したことがあるんじゃないか？と聴き手が勘違いしてもおかしくない、透徹した乾いたリアリズムがキャッシュの歌にはある。たとえば彼に代表されるこのような「アウトロー」カントリー・ソングの隆盛が、カポーティに『冷血』を書かしめたのでは、とすらときに僕は思う。

ともあれそんな背景から、キャッシュは刑務所への慰問コンサートをおこなうようになるのだが、なんと「その模様を録音して、アルバムとして発売する」ことを彼は思いつく。そして本作は大ヒット。低迷期にあったキャッシュのキャリアが、再上昇していくきっかけとなった。ハードなＭ４、Ｍ９、郷愁誘うＭ８も素晴らしい。あのボブ・ディランが敬愛してやまない、キャッシュの才能が満喫できる１枚だ。

プレスリーと同期のオリジナル・ロカビリアンだった彼が、「ビートルズ登場後の時代」に、ルーツの実力を示したのが本作だったのかもしれない。のちの世の90年代にすら、ビーバス＆バッドヘッドに「オリジナル・ギャングスタ」「超暴力的」なんて言わしめた、ロックの根源に横たわる「血の臭い」の記憶を。

Tracks: M1: Folsom Prison Blues / M2: Dark as the Dungeon / M3: I Still Miss Someone / M4: Cocaine Blues / M5: 25 Minutes to Go / M6: Orange Blossom Special / M7: The Long Black Veil / M8: Send a Picture of Mother / M9: The Wall / M10: Dirty Old Egg-Suckin' Dog / M11: Flushed From the Bathroom of Your Heart / M12: Jackson / M13: Give My Love to Rose / M14: I Got Stripes / M15: Green, Green Grass of Home / M16: Greystone Chapel

64位

（RS85／NME167）：750pt ※65位、64位の2枚が同スコア

レディ・ソウル

アレサ・フランクリン（1968年／Atlantic／米）

戴冠した彼女が、女王のソウルを炸裂させる

アルバム・タイトルは彼女の異名のひとつだ。しかし最も有名な異名は「クイーン・オブ・ソウル」――そんな彼女の最初の全盛期に発表されたのが本作。12枚目のスタジオ・アルバムではあるのだが、彼女が本領を発揮し始めるのはアトランティック・レコードに移籍後だ。同レーベルからの第3作が本作となる。

ゴスペルのバックグラウンドを持つフランクリンが、その能力を縦横無尽に発揮できるようになったのが、移籍後だった。その結果はすぐにあらわれて、アトランティックからの作品は軒並み好評価を獲得。チャート・アクションも好調だった。そして本作発表の前年である67年、彼女はシングルで全米1位を獲得する。オーティス・レディングのナンバー「リスペクト」の改変カヴァーがそれだ。それらの結果を踏まえ、満を持して送り出されたのがこのアルバムなのだが、いやはや、どの曲も優劣つけかねる熱唱ばかり、つまり山場ばかりの、すごい内容の

Lady Soul – **Aretha Franklin** (1968) Atlantic, US
Genre: Southern Soul, R&B

1枚となっている。

まずシングル・カットされたM1が総合チャートで2位、R&Bチャートで1位の大ヒット。M5も売れた。のちにキャロル・キングの歌唱で再度ヒットするこの曲は、つまり「ゴフィン＝キング」最終期の筆によるものだ。フランクリンの「リスペクト」と1位を争い合っていた、ヤング・ラスカルズの「グルーヴィン」もカヴァーしている（M9）。カーティス・メイフィールドの名曲もある（M3）。

この時代、そこにヒット曲があったなら、次から次にカヴァーされるのが普通だった。ビートルズやボブ・ディランの成功以降、自作自演が尊ばれる風潮が強まり、「持ち歌」意識は高まってはいた。しかし全ポピュラー音楽界を見渡してみると、まだまだ、カヴァーの慣習はごく当たり前のものだった。そして言うまでもなく、「カヴァー競作」となった際の圧倒的な強者こそが、アレサ・フランクリンだった。レイ・チャールズの歌唱でも有名な、40年代のスロー・ブルース（M8）を、こんなふうにパワフルに、アップテンポに決められるのは彼女ならではだ。本作はもちろんR&Bチャート1位、総合では2位を記録した。

アラバマの雄、マッスル・ショールズ・リズム・セクションの名手ロジャー・ホーキンスが全曲でドラムを担当。プロデュースはジェリー・ウェクスラーで、エンジニアとしてトム・ダウドも参加。鉄壁の布陣が「女王の治世」に尽くしている。

Tracks: M1: Chain of Fools / M2: Money Won't Change You / M3: People Get Ready / M4: Niki Hoeky / M5: (You Make Me Feel Like) a Natural Woman / M6: (Sweet Sweet Baby) Since You've Been Gone / M7: Good to Me As I Am to You / M8: Come Back Baby / M9: Groovin' / M10: Ain't No Way

63位

オデッセイ・アンド・オラクル

（RS 100／NME 145）：757 pt

ザ・ゾンビーズ（1968年／CBS／英）

万華鏡ポップの絢爛たるテンダネスは、死してなお蘇る

数奇なる運命をたどったアルバム、と言うべきだろう。「ふたりのシーズン」の邦題で知られるヒット曲（M12）が入っている、なんとも巧妙に組み上げられたこの1枚は、今日、カルト・クラシックの地位を確立している。たとえばポール・ウェラーのお気に入りとしても有名だ（彼はM4やM12をよく推している）。90年代以降のインディー・ロック、ポップ界においては、必聴盤と言っていいほど、だれもが聴いていた。日本のフリッパーズ・ギターのアルバム『ヘッド博士の世界塔』（91年）も、広い意味で本作の影響が大きい1枚だと僕は考えている。中心人物にしてキーボーディスト、ロッド・アージェントの一世一代の大仕事だった。

最大の特徴は、その潔癖性的なリリシズムだ。すでにコンセプト・アルバムの時代は幕を開けていたのだが、ここではストーリー性というよりも、組曲に近い形で、全体でひとつのイメージの浮上を狙っている。僕はそれを「青春の終わり」の描写と解する。そのテンダーでナイ

Odessey and Oracle – **The Zombies** (1968) CBS, UK
Genre: Psychedelic Pop, Baroque Pop, Chamber Pop

ーヴな感触（ウェラーいわく「秋っぽい感じ」）が、バロック風味のアレンジと相俟って、得も言われぬセンチメンタリズムとして結実したナンバーが並ぶ。M1、M2、M3、M5、聴きどころだ。M7の「抜いた」ところもうまい……と書いていくとほぼ全曲挙げることになるのだが、仕込んだもの全部の焦点がM11でぴたりと合って、リスナーが上空へと導かれていく、この出来映えは「見事」と言うほかない。傑出したトータリティが、本作を名盤たらしめた。

そんなアルバムの、どこが数奇なのか。当初ほとんど歴史の闇に消えようとしていた、からだ。まず録音中のいざこざから、リリース時にすでにもうバンドは解散していた。ゆえにアメリカ盤はお蔵入りしかけていた。それを救ったのは、米CBSのスタッフ・プロデューサーでもあったアル・クーパー（そう、ディランの「ライク・ア・ローリングストーン」でオルガンを弾いた、あのクーパーだ）。彼がこのアルバムを個人的に気に入っていたという理由で全米リリースを会社に進言。同社傘下のレーベルより発売され、シングル・カットされたM12が予想外の大ヒットとなる。

本作制作時、すでにビートルズの『サージェント・ペパーズ〜』（67年）は世を騒がせていた。だからサイケデリック・ロックとコンセプト・アルバムの大流行は始まっていた。しかし本作は、それら両者とは一定の距離をとりつつ、叙事詩のように、預言者のように、「時代の空気」を切り取った。

Tracks: M1: Care of Cell 44 / M2: A Rose for Emily / M3: Maybe After He's Gone / M4: Beechwood Park / M5: Brief Candles / M6: Hung Up on a Dream / M7: Changes / M8: I Want Her, She Wants Me / M9: This Will Be Our Year / M10: Butcher's Tale (Western Front 1914) / M11: Friends of Mine / M12: Time of the Season

62位

ラヴレス

(RS 221／NME 18)：763pt

マイ・ブラッディ・ヴァレンタイン(1991年／Creation／英)

ノイズ・ギターの「雲の絨毯《じゅうたん》」が無数の罹患者を生んだ

影響力の大きいアルバムは多いが、本作のそれは、ちょっと桁が違う。本作のエピゴーネンは、いったい世にいくつあるのか。まるで病原菌のように「それ」は広まっていった。彼らのようにギターを「鳴らす」バンドは、「シューゲイザー(＝うつむいて靴を見ながら演奏する奴ら)」と呼ばれた。ノイジーで重層的なディストーション・ギターの群雲が、どこまでもどこまでも広がっていくなかを、甘く酩酊的なメロディがささやくように歌われる——このスタイルから「ドリーム・ポップ」なるロックのサブジャンルが生まれた。いや、それよりもなによりも、彼らの名前や、本作の存在そのものが、ひとつのサブジャンルを成していた、とまで言っていい。

生きながら(存続しながら)伝説と化していた、アイルランド出身のバンド、マイ・ブラッディ・ヴァレンタイン(ＭＢＶ)が発表した2作目のフル・アルバムが本作だ。88年発表の前

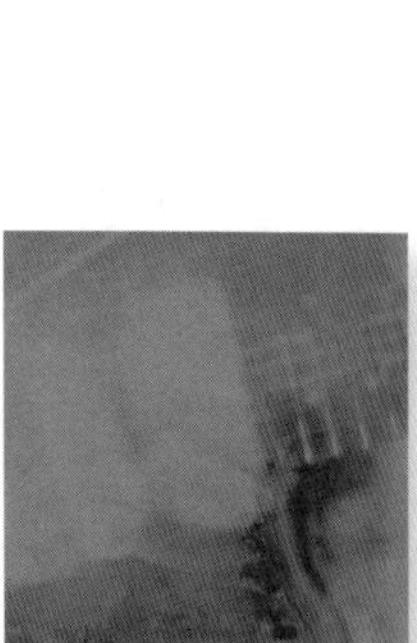

Loveless – **My Bloody Valentine** (1991) Creation, UK
Genre: Shoegaze, Avant-Rock, Dream Pop

作がインディー界で評判となり、勇躍スタジオに入ってそれっきり。2年半かけて制作された本作は、待ち望んでいたファンの想像を遥かに超えたスケールの1作となった。だれもが未知の「音の景色」がそこにあった。

バンドのマスターマインドは、ギターとヴォーカルのケヴィン・シールズだ。ビーチ・ボーイズのブライアン・ウィルソンと比較する声もある「スタジオの鬼才」だ。ただでさえ分厚いギター・サウンドを幾重にも重ね、エフェクトして圧迫感を増すその手法は、フィル・スペクターの「音の壁」にも通じるものがあった。そしてなによりも、一筆ずつ丹念に塗り込んで抽象画を仕上げていくような「その姿勢」が、もはや退屈の象徴ともなっていたロックのコンボ・スタイルに、想像外の「可能性の光」を当てることにもなった。ニルヴァーナの『ネヴァーマインド』（91年）が一気に馬鹿売れしたのは、傍らにこのアルバムがあったからだ、という声すらある。

本作のあと、シールズらはまた果てることのないスタジオ作業を始める（次作は2013年までリリースされなかった）。このアルバムは静かに売れ続け、MBVの名は高まっていった。たとえばソフィア・コッポラ監督が東京を舞台に撮った映画『ロスト・イン・トランスレーション』（03年）で、シールズは共同で音楽担当をつとめた。西新宿の高層ビル街に「このサウンド」が似合うことを、インディー音楽ファンならだれでも知っていたからだ。

Tracks: M1: Only Shallow / M2: Loomer / M3: Touched / M4: To Here Knows When / M5: When You Sleep / M6: I Only Said / M7: Come in Alone / M8: Sometimes / M9: Blown a Wish / M10: What You Want / M11: Soon

61位

ドリトル

（RS 227／NME 8）：767 pt　※61位、60位の2枚が同スコア

ピクシーズ（1989年／4AD／英）

珍種が新種に。「変」のままで大海へ

売れなかったが評価はされたデビュー・アルバムの翌年に発表されたこの1枚にて、彼らの雷名は本格的に世間に轟き渡った。本作は全英チャート8位を記録。95年には、なんとアメリカ・レコード協会がゴールド（50万枚販売）認定。つまり前作（『サーファー・ローザ』93位、88年）から数段階上昇した社会的成功を彼らが手に入れることになったのが、本作だ。

といっても、なにか突然世間に迎合したわけではない（できるわけがない）。勝因を挙げるとするなら、エコー&ザ・バニーメンとの仕事などで有名な、イギリスはリバプール出身のプロデューサー、ギル・ノートンの起用が「当たった」ことか。マッシヴなリズム隊と、そこからすこし距離をとって高らかに鳴り響く、なにやら啓示的なリード・ギターのフレージングは印象的だ。「エキサイティング」なロックとしての、ピクシーズ・サウンドの輪郭がここではっきりしたと言える。

Doolittle – **Pixies** (1989) 4AD, UK
Genre: Alternative Rock

たとえば、M1の高揚感、疾走感はどうだ！　それで歌詞が、ブニュエル&ダリの映画『アンダルシアの犬』（29年）のカミソリで目玉まっぷたつシーンの引用もあるシュールな内容なのだ。M3も素晴らしい。パレードの鼓笛隊にも似合いそうな、爽快なメロディ。しかし「切除の波」というタイトルどおり、歌詞は「変」だ。ブラック・フランシスによると、「日本のサラリーマンが一家無理心中を試みて、桟橋から海へクルマごと突っ込んでいく」情景がヴァース1だそうだ。ヴァース2では、その彼がエルニーニョのせいでマリアナ海溝まで流されて、人魚にキスしたりする。「切除の波に乗って／切除の波／波」とコーラスでは繰り返される……と、たとえばこんな曲で、ライヴ会場ではお客が大盛り上がりとなるのがピクシーズだ。

そのほか、不気味になごやかなM5、アンセム調の（しかし環境破壊を告発している）M7は、なんと全英チャートと米ビルボードのモダン・ロック・チャートにてランクインしてしまう。

このように「変」なまま、音楽シーンに確固たる足場を固めた彼らの存在は、後輩たちの絶好の道しるべともなった。たとえば本作のM2に代表されるような、1曲のなかで「静と轟」のパートを交互に登場させてダイナミズムを表現する手法は、そっくりそのまま、ニルヴァーナのメガ・ヒット曲「スメルズ・ライク・ティーン・スピリット」（91年）へと引き継がれた。

Tracks: M1: Debaser / M2: Tame / M3: Wave of Mutilation / M4: I Bleed / M5: Here Comes Your Man / M6: Dead / M7: Monkey Gone to Heaven / M8: Mr. Grieves / M9: Crackity Jones / M10: La La Love You / M11: No. 13 Baby / M12: There Goes My Gun / M13: Hey / M14: Silver / M15: Gouge Away

ロックンロールは「発見」された——7分でわかるロックの歴史

できうるかぎり簡潔に、ロックンロール音楽の歴史をここでまとめてみたい。「名盤」をより一層楽しむには、じつは、歴史を知るのが手っ取り早い。クラシック・カーを買ったなら、新オーナーの悦楽行為の最初のひとつに、その一台の「来歴」や「背景」を知ることが挙げられるはずだ。それと同じだ。

とはいえ僕は、レビュー本編のほうでは、歴史にはさわり程度しか踏み込めなかった。個々のアルバムの内容に言及することが第一義だったからだ。つまりあっちでは、連続TVドラマか大河小説の登場人物、キャラクターの紹介をおこなったようなものかもしれない。ゆえにこれから、その「ストーリー」の全体像を、あらすじをご紹介したい。この稿が読者のあなたの、個々の名盤へのより深い理解へとつながるなら、僕は嬉しい。

それでは、いってみよう。ロックの歴史が始まったのは、1950年代からだ。ここからざっくりと歴史を下ってみると、こんなふうに見ることができる。

50年代、ロックンロールが「発見」される。60年代には「再発見」されて、大きく「成長」する。70年代は、それがさらに「発展」し、「巨大化」する。80年代は「爛熟」だ。そして90年代に「終わる」。一旦幕を閉じる。20世紀中盤に端を発したロック音楽は、折り目正しくも、20世紀のうちに、その歴史の更新を停止する。

もっとも「その後」も世にロック音楽はある。あると言えばある。ただし、90年代いっぱいまでの時間の流れのなかにあったものとは、もう本質的に違う。

たとえば、21世紀のいまもキリスト教は世界じゅうで信仰されているが、現在のそれはイエス・キリストが地上にいた時代、あるいは、愛弟子の12使徒が存命だった時代の教えとは、あらゆる点で小さくない差異があるはずだ。ロック音楽も同様だ。おそらくはロックも、いまここから時間が経てば経つほどに、このキリスト教の例にも近しく、大きく変質していくことになるだろう。

逆に言うと、「いま現在はまだ」12使徒の何人かは地上にいるかのような状態が、21世紀初頭のロック音楽界だとも言える。60年代から活躍する、いま70代のロッカーたちの意気軒昂な姿が、そのなによりの証しだ。このことからも僕は「名盤」の存在をしっかりとつかまえ得る、最後の機会が現在なのではないか、と考えている。

ではキーワードに沿って、それぞれの時代を見ていこう。50年代は「発見」だ。つまりロックンロール音楽とは、だれか特定の人物が「発明」したものではない。いつの間にか「すでにあったもの」を発見したに等しい形で、それは世にあらわれてきた。

ロックンロール（Rock & Roll）という言いかたそのものは、古くからアメリカ人の口語のなかにあった。「盛り上がろうぜ」「派手にやろうぜ」みたいな意味の、あまり上品ではない言いかただ。たとえば、60年代以降を舞台とするアメリカ製の戦争映画やアクション映画では、登場人物の掛け声としてこれがよく使用される。仲間といっしょに敵陣に突撃していく際に「ロックンロール！」と叫ぶ、というふうに。

50年代初頭、この口語を音楽にあてはめた人がいた。アメリカはオハイオ州のラジオDJ、アラン・フリードだ。黒人が演奏するリズム・アンド・ブルース（R&B）のなかで、白人の10代の若者に受けそうなものを彼はラジオでプレイしたのだが、フリードはこれらの音楽に「ロックンロール」という名を与えた。これが広まった。

フリードが「新しい名前」を必要としたのには理由がある。当時のアメリカでは、いまとは比較にならないほどの露骨な黒人への蔑視意識や政策が、社会の隅々にまで満ちていた。ゆえに、いかに魅力的な音楽だろうと、それを「(支配者層の子女である)白人の若者に聴かせる」ためには、ひと工夫が必要だった。それが「ロックンロール」という、新しいラベルだった。なぜならR&Bとは、ついこのあいだまでは、白人社会から「レイス(Race＝人種)音楽」などと差別的に呼ばれていたものと地続きなのだから、たしかに、この「ひと工夫」は必要不可欠なものだった。

そこでフリードが思いついたこの「アイデア」が、自律的に転がり始める。ロックンロールとしか呼びようがない音楽を作る人々が、続々と登場してくる。

最初のスーパースターは、もちろん、エルヴィス・プレスリーだ。「黒人のように歌える」白人シンガーとして、「ロックンロール」の天地を開闢した。ゴスペルとヒルビリー音楽の素養がある彼が、ブルースのカヴァーなどから編み出した独特な音楽は「ロカビリー」と呼ばれ、爆発的にヒットした。ちなみに、『エルヴィス・プレスリー登場!』との邦題で知られるRCAからのデビュー・アルバム(56年、原題はElvis Presley)が、ロックに「アルバムの時代」を招来した最初の1枚だ、とよく言われる。

プレスリーに続き、オリジナル・ロッカーたちが次々にヒットを飛ばした時代は、しかしすぐに幕を閉じる。58年のプレスリー陸軍入隊、59年のバディ・ホリーたちが死んだ飛行機事故など、いろいろな事件が重なって、まるで一過性の流行だったかのように、ロックンロールの人気はこのころ急降下していく。一度終わる。

ロックの復活はイギリスから始まる。ザ・ビートルズを筆頭とする若きバンドたちの台頭、いわゆる「マージー・ビート」の大ブームが、60年代初頭、新しい聴衆にロックンロールを「再発見」させる。50年代のティーンエイジャー、ロック・ファンの第一世代は、このころは大学生ぐらいになっていた。アメリカにおけるこの層は「フォーク・リヴァイヴァル」ブームに親しむ者も多かった。この波のなかにボブ・ディランもいた。ディランとビートルズが邂逅したことから、60年代のロックは一気に「成長」していく。そして、しのぎを削るライバルたちとともに、大きく渦を巻いて、ロックは「20世紀後半の新しい芸術の中心軸」となる。あらゆる文化的事象を引き寄せる磁場として機能し始める。

この潮流が頂点にまで高まったのが、レビューのなかで幾度か触れた「サマー・オブ・ラヴ」だ。1967年の夏、ロック音楽を中心に置く「カウンターカルチャー（対抗文化）」のムーヴメントが、米英の主要都市を覆いつくす。戦後自由主義陣営社会の「それまで」が、不可逆的に変貌していく瞬間がここだった。

この時期の前後「ポップ（Pop）」という言葉が米英で流行する。「ポップ音楽（Pop Music）」という呼称も、徐々に定着していく。日本ではこの「ポップ」が、「ポピュラー（Popular＝人気がある）」の略語だとする誤解が広く信じられているが、これは正しくない。ここでの「ポップ」とは、アンディ・ウォーホルを始めとする「ポップ・アート」と同じ言葉だ。破裂音を指す擬音的な英語の名詞として、そこから転じた動詞としての「ポップ」がこれであって「ポピュラー」とはなんの関係もない。そしてこのころ、ロックに影響を受けた流行音楽の全般が「ポップ音楽」と呼ばれ始める。

さらに60年代の後半あたりから、ロックンロールの略称である「ロック」という言いかたが、メディアそのほかで使用される頻度が増えてくる。ここを、ときに日本では「違う種類の音楽へと変化（進化）した」かのようにとらえる人もいるらしい。だがしかし、それも完全なる誤解だ。「ロック」は「ロックンロール」の略でしかない。

「カントリー&ウェスタン」の略称が「カントリー」となって定着したように。

70年代、ロック音楽のあらゆる領域が「発展」し、商業的にも「巨大化」する。これを先導したのが、激動の60年代をくぐり抜けた「ロック・ジャイアンツ」たちだ。彼らは20世紀後半の資本主義社会における王侯貴族にも等しい存在となっていた。

だから、それに反発し「異を唱える」革命児も多数登場してくる。パンク・ロッカーたちだ。そして皮肉なことに、これら「権威への挑戦者」たちのアクションそのものが、ロック音楽の再・再生、全面刷新のような効果をもたらす。そして「権威者」と「挑戦者」の双方がその恩恵にあずかって、80年代の未曽有の「爛熟」へと突入していく。

なにもかもが揃っていた——それが80年代だった、のかもしれない。もっとも、マドンナもビースティ・ボーイズも冷遇する〈ローリング・ストーン〉には、「なにもなかった10年間」呼ばわりされてしまったのだが……しかしこのときはまだ、高く高く投げ上げられたボールが、地表に落っこちてくる前だったことは間違いない。山なりの軌道で、ひとまずそれは、依然として中空にあった。来るべき崩壊の序曲は、80年12月8日の、ジョン・レノンの射殺からすでに静かに鳴り始めていたのだが。

この「爛熟」の時代、大きく伸張したのが、黒人音楽の領域にいた人々だ。「ロカビリー」の時代からつねに、「黒い」音楽は白人側に剽窃《ひょうせつ》されたり、模倣される対象だった。ところがこの時代、「それそのもののままで」広い大衆へと直接的に到達できる回路が、飛躍的に増殖する。マイケル・ジャクソンの達成が大きい。さらには、ヒップホップ音楽、ラップ・ソングの興隆もあった。ハウスやテクノといったダンス音楽も、ソウルやファンク、ディスコ音楽の延長線上にあるものだ。これらが占拠する陣地の割合が、「ポップ音楽」のなかで目に見えて増えてきた時代が80年代だった。

そして90年代、ニルヴァーナの突然の大ブレイクによって、「最後の」ロック・バンド・ブームが起こる。オルタナティヴ・ロックが「流行る」という、ほとんど語義矛盾のような事態が米英を覆いつくす。学生気分の抜けないバンドが、全盛期のレッド・ツェッペリンのように売れてしまって――そして一気に鎮火する。ニルヴァーナのフロントマン、カート・コベインの自殺の影響は大きかった。

ヒップホップ界にも死の激震は走った。96年に2パックが、97年にはノトーリアスB．I．G．が、それぞれ「何者かに」射殺される。斯界《しかい》からは東西のギャング抗争に巻き込まれた、との見方が示された。才能あふれるスターだった、このふたりのラッパーが若くして殺されてしまうという惨劇が、ヒップホップ音楽の歴史に与えた影響は大きい。躍進に次ぐ躍進だったこの新興音楽ジャンルに、決して解けない呪いが――ちょうど、59年のロックンロールのように――かけられた瞬間がここだった。

だが、間一髪でヒップホップ音楽は死をまぬがれる。なんとか持ちこたえて、商業空間のなかで地歩を固める。そして90年代終盤、ポップ音楽の中心域を、若者文化の流行地帯のど真ん中を支配するに至る。この大進撃が、「そのほかのジャンル」の衰退を補って余りある実績を残す。ヒップホップや最新鋭のR＆Bが、あるいはラップを取り入れたロックやＤＪ文化が、「グランジ」ブーム崩壊後のポップ音楽界を全滅から救った。ひいてはロックも、かろうじて延命を図ることができた。

そして20世紀が終わり、21世紀はただその延長線上に、かつてのロックと「すこしだけ似た」新しい音楽を含む、ポップ音楽のシーンが淡々と継続している。今日、凪の日ばかりが続く平坦な大洋のような仮想現実空間の上に、「これまでのポップ音楽」そのすべてが等価のものとして、整然と並べつくされようとしている。

100位
▶▶▶▶▶▶▶61位

60位
▶▶▶▶▶▶21位

20位
▶▶▶▶▶11位

10位
▶▶▶▶▶6位

5位
▶▶▶▶▶1位

60位

ア・ラヴ・シュプリーム

（RS 47／NME 188）：767pt　※61位、60位の2枚が同スコア

ジョン・コルトレーン（1965年／Impulse!／米）

A Love Supreme – **John Coltrane** (1965) Impulse!, US
Genre: Modal Jazz, Avant-Garde Jazz, Free Jazz, Hard Bop

ロンドンのモッズ族も焦がれた「至上」のジャズ

そう、「あの」コルトレーンだ。ハード・バップからフリー・ジャズにまで足跡を残す、ジャズ・サキソフォニストの巨星である彼の『至上の愛』との邦題で知られる、ジャズの名盤中の名盤を〈ローリング・ストーン〉も〈NME〉もランク入りさせていたから、ここで取り上げている。集計の結果、61位のピクシーズ『ドリトル』（89年）と同スコアだった。ではロックなのか？というと、もちろん狭義のロックではない。ただこれは言える。「とくにうるさがたの」ロック音楽家やファンが、非常に強くこだわって好むジャズ・アルバムとして、象徴的な1枚だ、と。

たとえば、ポール・ウェラーが愛聴盤の1枚として取り上げたことがある。このとき彼は、ニック・ドレイクやゾンビーズ、ビートルズ『リヴォルヴァー』といったロック、ソウルのダニー・ハサウェイらとともに、本作を挙げていた。ローランド・カーク『アイ・トーク・ウィ

ズ・ザ・スピリッツ』（64年）と並べていたところが彼らしい。つまり「60年代ロンドンのモッズ族が好んだジャズ」のひとつがコルトレーンだったということだ。R＆Bとスカ／ロックステディとモダン・ジャズが「モッズが聴く音楽」だった。なかでも「クール」の証明がコルトレーンだった。

またアメリカにおいては、当時吹き荒れていた公民権運動に参加していた人々の精神を鼓舞するような効果がこのアルバムにはあった、という。M1から順に「承認」「決意」、「追求」と「賛美」（パート3と4はひとつらなりの楽曲だ）と題されたナンバーに、宗教的高みを目指す修行者のような気配を感じても不思議はない。つまり、まるでマグマのごとき「熱き魂」を抱えたまま（いや、抱えているがゆえに）、それまでにあったジャズの形を突き抜けて、天の最も高いところ、まさに「至上」と呼ばれる次元を求めて格闘しているのが、本作におけるコルトレーンのプレイだ。

この時点の彼は、モダン・ジャズの範疇を半歩以上はみ出して、フリー・ジャズに接近していた（だがしかし、まだモーダルではあった）。この塩梅が、じつにロックなのかもしれない（ロックとは、コードからも完全に「フリー」となることが事実上不可能な音楽様式だからだ）。コルトレーンの、半分縛られながら、しかしそれでも自由を希求していくかのような吹きっぷりはすさまじい。彼の動きによって、ポリリズムが常態化しているところもスリリングだ。

Tracks: M1: Part 1: “Acknowledgement” / M2: Part 2: “Resolution” / M3: Part 3: “Pursuance” / Part 4: “Psalm”

59位

（RS 57／NME 172）：773pt

ソングス・イン・ザ・キー・オブ・ライフ

スティーヴィー・ワンダー（1976年／Tamla／米）

ポップの最も天に近い場所に、ソウル音楽の山脈を

数え切れないほどの名曲を書いて歌ったシンガー・ソングライターであり、あらゆる楽器の高度な演奏者でもある盲目の天才、スティーヴィー・ワンダーの栄光のキャリアのなかでも、屈指の大傑作がこれだ。18作目のスタジオ・アルバムである本作は、全米1位を13週連続で独占するという、モンスター・ヒットも記録した。

あなたがポップ音楽ファンだったら、このアルバムを前にして、話題がつきることはないだろう。たとえば、「可愛いアイシャ」との邦題のM11、だれもが知るあの1曲が、じつは「シングル・カットされていなかったって、知ってた?」というのを、いま僕は思いついた。

話題の量を担保できるだけの、本作の壮絶なるヴォリュームは特徴的だ。アナログ盤LP2枚組、それでも足りずに4曲入りの「A Something's Extra」と題されたEPが付録となっていた。トラック・リストのM18からあとの4曲がそれだ。しかも最終曲（M21）がワンダーの

Songs in the Key of Life – **Stevie Wonder** (1976) Tamla, US
Genre: Soul, Funk, R&B, Pop

Tracks: M1: Love's in Need of Love Today / M2: Have a Talk with God / M3: Village Ghetto Land / M4: Contusion /

見事なハーモニカをフィーチャーしたインスト佳曲なので、「最後の最後まで」こっちも気を抜けない。

ヒット曲ならM5。邦題を「愛しのデューク」とする、これも「だれもが知る」1曲だ。この曲に代表されるように、完璧なソウル音楽のマナーを踏まえたナンバーを、超一級のポップ・チューンとして仕立て上げた彼の功績によって、いかに大衆音楽の可能性が広がったか。ジャズ・フュージョンのM4、スケールの大きなファンクのM13、アフリカン・ビートのM17といったナンバーにも、同じ効果が見てとれる。この時期のワンダーは、キャリアの頂点にありながらも、アフリカ移住を試みるなど、社会的不均衡、不公正への憤りが強かった。そんな意識の反映こそが、この1時間45分（！）を、ポップ音楽の地上最高峰、ヒマラヤ山脈のごときものにならしめたのだと僕は考える。天才音楽家による、全人的闘争の成果が本作なのだ。

ちなみに本作は、マイケル・ジャクソンが「僕が一番好きなスティーヴィーのアルバム」と言った1作であり、ジョージ・マイケルの生涯ベスト作でもある。また今日のブルーノ・マーズに至るまで、無数の良心的音楽家たちの指針ともなっている。のちにラッパーのクーリオによってカヴァー（というよりも替え歌）された「ギャングスタ・パラダイス」の元ネタ（M8）が収録されているのも本作だ。

M5: Sir Duke / M6: I Wish / M7: Knocks Me Off My Feet / M8: Pastime Paradise / M9: Summer Soft / M10: Ordinary Pain / M11: Isn't She Lovely / M12: Joy Inside My Tears / M13: Black Man / M14: Ngiculela – Es Una Historia – I Am Singing / M15: If It's Magic / M16: As / M17: Another Star / M18: Saturn / M19: Ebony Eyes / M20: All Day Sucker / M21: Easy Goin' Evening (My Mama's Call)

58位

ザ・クイーン・イズ・デッド

（RS 218／NME 1）：783 pt

ザ・スミス（1986年／Rough Trade／英）

憂鬱なる王国の戯画を、被虐の詩人が描破した

「はじめに」で僕が述べたとおり、〈NME〉が選んだ第1位がこのアルバムだ。それがなんでこんな位置にいるのか、というと、アメリカ人（〈ローリング・ストーン〉）の無理解のせいで……とは、僕は思わない。アメリカの土壌を鑑みると、これは快挙だ。この「英国的」な1枚は、かの地のロック・ファンすらも確実に変えた。

作詞者にしてヴォーカリストのモリッシーは、イングランド北部の都市・マンチェスターに（親と同居して）住む、駆け出しライターの青年だった。その彼が、類い稀なセンスを持つギター・プレイヤーのジョニー・マーに誘われて結成したのがザ・スミスで、ポスト・パンクの時代の英インディー界に無二の存在として君臨した。彼ら3作目のオリジナル・アルバムが、最高傑作と賞される本作だ。

モリッシーはアイルランド系だ。だから本作を日本に置き直すと、朝鮮半島にルーツを持つ

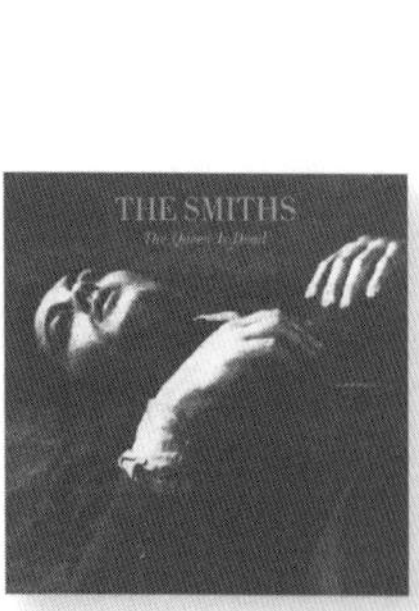

The Queen Is Dead – **The Smiths** (1986) Rough Trade, UK
Genre: Indie Rock, Post-Punk

日本在住の男が「天皇は死んだ」と題したアルバムを発表するようなものだ。しかもそれがただ過激なだけではなく、「もはやどうしようもない」イギリス社会の根深い病巣、宿痾との正面からの対峙となるところが、スミスのスミスたる所以だ。タイトル曲のM1では、まず最初、女王が吊るされようとしている。そのあと、宮殿に忍び込んだ語り手が、彼女といっしょに散歩して語り合う。サタイアと不思議な哀愁が、なぜかそこに同居する。これが、スミスだ。

「被抑圧」下にある者が、「口だけは達者」だった場合。その者が発する悪口や罵詈雑言、それが妙に美しくも詩的で、なぜか心に残ってしまった、としたら……それはかなり、モリッシーの詞に似ている。そこにタイトなビート感で、前へ前へと突き進む、グルーヴ度数の高いマーのギターが加わったものが、スミスのナンバーだ。

人気曲のM9では、家にいたくないから今夜どこかに連れてってよ、と言う主人公が、きわめつけのラインを口にする。「もしダブル・デッカー・バスが僕らに突っ込んで来て／きみの隣で死ねたなら、なんて最高な死にかたなんだろう」――ここであなたの目に涙が浮かんだなら、魂の居場所を見つけた証明だ。すべての「翼なき者ども」と同様、花を手にモリッシーのもとに馳せ参じなければならない。

オスカー・ワイルドから連綿と続く、ロマンチシズムと美学。薔薇の棘で人を刺すような特殊なロックのありかたを、スミスだけは実現することが出来た。

Tracks: M1: The Queen Is Dead / M2: Frankly, Mr. Shankly / M3: I Know It's Over / M4: Never Had No One Ever / M5: Cemetry Gates / M6: Bigmouth Strikes Again / M7: The Boy with the Thorn in His Side / M8: Vicar in a Tutu / M9: There Is a Light That Never Goes Out / M10: Some Girls Are Bigger Than Others

57位

（RS 128／NME 80）：794 pt

ロウ・パワー

イギー・アンド・ザ・ストゥージズ（1973年／Columbia／米）

パンク夜明け前、野人どもが最後の全力疾走を

デビュー作も売れなかったが前作（『ファン・ハウス』75位、70年）も売れなかった。だかフらレコード会社との契約を失い、アル中やらヘロイン依存がバンド内に蔓延、ほとんど活動休止――だったときに、意外な救い手があらわれる。デヴィッド・ボウイだ。彼はイギー・ポップの才能を高く買っていたし、友情もあった。そこで共同プロデュースを申し出て、レーベルまで見つけてあげる。そんな状況下で作り上げられた第3作にして、ストゥージズ最後のアルバムとなったのがこれだ。ちなみに『淫力魔人』というのは、本作に与えられた邦題だ。

一聴してだれもが感じるのは「これはほとんどパンク・ロックではないか」ということだろう。歴史上、パンク・ロックという音楽様式が確立したのは、ラモーンズがレコード・デビューした76年ということになっている。とはいえ、突然に天から「新しいロックの様式」が降ってくるわけはないから（あるいは「ほとんど」ないから）、そこには普通、ルーツとなるもの

Raw Power – **Iggy and The Stooges** (1973) Columbia, US
Genre: Garage Rock, Proto-Punk, Hard Rock

がある。そもそもストゥージズは、同じデトロイトを根城としていたMC5同様「パンクの原点」と後年指摘されるような体質のバンドだった。そんな彼らの「根っ子」のところを純粋培養していって、まさに「パンクの夜明け直前」と呼ぶべき、エネルギッシュで猥雑なロックがここに誕生した。

その象徴がM1だ。カート・コベインは本作を生涯ベストの1枚として推している。パンクを、オルタナティヴ・ロックを指向する者で、このアルバムに燃えない奴がもしいたら、それは「もぐり」だ!と断言してもいい、踏み絵のような1枚だ。

思えば、ストゥージズは恵まれたバンドだった。第1作はヴェルヴェット・アンダーグラウンド脱退直後のジョン・ケイルがプロデュースした。荒っぽさは控え目なれど、「アイ・ウォナ・ビー・ユア・ドッグ」や「ノー・ファン」など、印象づよい名曲を世に送り出した。第2作の暴れっぷりは伝説だ。そしてここでは、ボウイが両者の中間地点を落としどころにしたのだろう。M2、M6などの（なんと）バラッドが、その先にポップが進む道を示すことにもなった。ボウイとポップの友情は持続し、本作リリース直後にまたバンドが契約を失い、完全に解散となったあと、今度はポップがボウイのいるベルリンに飛ぶ。そして、彼のソロ第1作をボウイがプロデュースし、ボウイの『ロウ』（68位、77年）にポップが参加することになる。

Tracks: M1: Search and Destroy / M2: Gimme Danger / M3: Your Pretty Face Is Going to Hell / M4: Penetration / M5: Raw Power / M6: I Need Somebody / M7: Shake Appeal / M8: Death Trip

56位

イズ・ディス・イット

（RS 199／NME 4）：799pt

ザ・ストロークス（2001年／RCA／米）

良家の子弟の「ガレージ」サウンドがロックを延命させた

例によって幾度目かの存立の危機を迎えていた「ロックらしいロック音楽」のシーンに彗星のようにあらわれた、ニューヨーク出身のグッド・ルッキンな若者集団がザ・ストロークスだった。斯界に衝撃を呼んだ、彼らのデビュー作がこれだ。

彼らの音楽は「ガレージ・ロック・リヴァイヴァル」と呼ばれた。それはある種、サンプリングされて整頓され、「脱臭」されたガレージ・ロック、だったかもしれない（たとえば、ストゥージズなどと比べてみるとその差は歴然だ）。しかし、それが若い層に的確にアピールした。本国アメリカでも悪くはなかったが、イギリスでは大ヒットとなった。ブルース・ロックのリヴァイヴァリストであり、やはりイギリスで高い人気を誇るホワイト・ストライプスの轍《わだち》を追うようにして、「リヴァイヴァリスト」の新たな玉座についたのが彼らだった。この人気が、日本にも波及した。

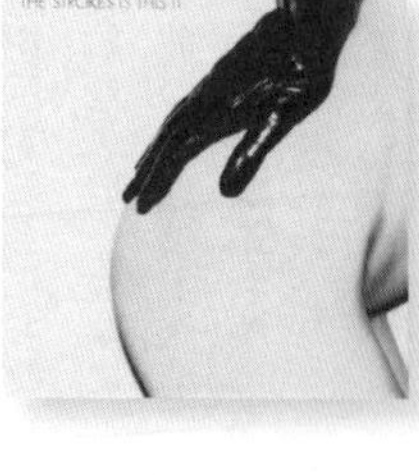

Is This It – **The Strokes** (2001) RCA, US
Genre: Garage Rock Revival, Indie Rock

ヴォーカルにして、本作すべての作詞作曲者でもあるジュリアン・カサブランカスの出自も、米英では高い注目を集めた。富豪である彼の父親は、スーパーモデル・ブームを牽引した超一流のモデル事務所〈エリート・モデル・マネジメント〉の創設者で、母親は元ミス・デンマークのモデルだったからだ。ジュリアンの学友を中心とした集団がストロークスだったから、良家の子弟が集まって「ガレージ・ロック」をやろうとしたわけだ。この点に鼻白む者も、アメリカのコアなインディー・ファンには少なくなかった。逆にイギリスでは、まさにこの点が憧憬の対象ともなった。折しも当時は、パリス・ヒルトンがあらゆるメディアから注目を集め始めた時期でもあった。このあとも長く続く「セレブ」ブームの最初の波に、彼らも乗った。

そこには「夢」があった。レディオヘッドがリードしていた当時のロック・シーンには、言うなればボーイ・バンドのように「女の子の声援を集めそうな」華がある若手は皆無だった。ただストロークスだけが、まばゆい光を放っていた。それは人気曲のM7を聴けばわかる。恋の鞘当てが、まるで60年代初期のティーン向け映画のようなシンプルさで描かれる。パーカッシヴかつ爽快なギター・カッティングが青春のシーンを素描する。この曲および続くM8の、疾走感あふれるロックンロールが本作の山場だ。

この華やかなデビュー劇が、小さくとも確実なる「ロックの復権」をうながした。アークティック・モンキーズもストロークスから受けた影響について述べている。

Tracks: M1: Is This It / M2: The Modern Age / M3: Soma / M4: Barely Legal / M5: Someday / M6: Alone, Together / M7: Last Nite / M8: Hard to Explain / M9: New York City Cops / M10: Trying Your Luck / M11: Take It or Leave It
※アメリカ盤のみ、M9「New York City Cops」が「When It Started」に差し替えられていた。

55位

グレースランド

（RS 71／NME 124）：807pt

ポール・サイモン（1986年／Warner Bros.／米）

あらゆる批判を乗り越えた、行きて帰りし物語

グラミー賞を受賞（アルバム・オブ・ザ・イヤー）、今日までにおよそ1600万枚以上を売り上げた成功作なのに、同時にここまで叩かれたアルバムは絶後だろう。

本作は、シンガー・ソングライター、ポール・サイモンの7作目のスタジオ・アルバムだ。「アメリカの国民的アーティスト」だと言っていい存在が、60年代のサイモン&ガーファンクルだった。そんな彼が「叩かれた」理由はただひとつ、本作が録音されたのが南アフリカ共和国で、現地の音楽家を起用して制作されたからだ。

当時の南アは、まだアパルトヘイト（白人を支配層とした人種隔離政策）が維持されていた。ネルソン・マンデラもまだ獄中にいた。ゆえに西側諸国では、あらゆる圧力を行使して、同国に反省と変革を求めるべしとの声が強かった。文化的ボイコットもその一部だった。だから「その禁を破った」者として、サイモンは非難された。

Graceland – **Paul Simon** (1986) Warner Bros., US
Genre: Worldbeat, Pop, Rock, Folk

しかし彼の行動を賞賛する者もいた。南ア音楽界の象徴、ヒュー・マセケラだ。同国の音楽を世界じゅうに広めるものだ、と高く評価していた。実際そのとおりになった。またサイモンの行為は「南アの音楽を南アの人々に」再発見させもした。

ンバカンガという、すでに南アのポップ音楽としては「流行遅れ」だったものを、このアルバムで彼は積極的に起用した。結果それが、ンバカンガの商業的復活にもつながっていった。伝統音楽であるイシタカミアも、モダンなポップやロックとミックスされた。これらの音楽的翼によって、サイモン自身が蘇生することにもなった。

83年に発表した前作が低調な結果に終わったあと、プライベートも含めて、サイモンは迷走していた。そんなとき耳にした南ア音楽のカセット・テープに彼は魅了される。そして音楽家としての本能の赴くまま、南アへと飛んだ。本作の表題「グレースランド」とは、エルヴィス・プレスリーの大邸宅の名だ。タイトル曲のM2では、ロック音楽の源流への郷愁が歌われる。「僕はグレースランドに行くところ（I'm going to Graceland）」とのラインは、当初「僕はクルマで荒れ地を抜けていくところ（I'm driving through Wasteland）」だった。

傷だらけになったサイモンが、自らの「ルーツ」に立ち戻ろうとするときに、アフリカの音楽がその助けとなった。まさにプレスリーがかつて、ブルースを得ることによって、彼のヒルビリーを「ロカビリー」にしたように。

Tracks: M1: The Boy in the Bubble / M2: Graceland / M3: I Know What I Know / M4: Gumboots / M5: Diamonds on the Soles of Her Shoes / M6: You Can Call Me Al / M7: Under African Skies / M8: Homeless / M9: Crazy Love, Vol. II / M10: That Was Your Mother / M11: All Around the World or the Myth of Fingerprints

54位

ポールズ・ブティック

（RS 156／NME 32）：814 pt

ビースティ・ボーイズ（1989年／Capitol／米）

学生寮の乱痴気騒ぎ明け、突如発生した特大創作マグマ

人呼んで「ヒップホップの『サージェント・ペパーズ』」。あのマイルス・デイヴィスをして「何度聴いても飽きない」とまで言わしめた1枚がこれだ。

本作は当初、商業的には低調だった。前作である彼らのデビュー作『ライセンスド・トゥ・イル』（86年）の印象が強烈だったからだ。爆発的にヒットした同作は、ヒップホップの歴史をねじ曲げた。「ラッパーは黒人でなければ」との世の固定観念に彼らは穴を開けた。ニューヨークで育ったユダヤ人3人組の「ワルガキ」が、まさに学生寮で狂ったパーティを繰り広げているようなその楽曲群は、またたく間にチャートを駆け上がっていった。大きな鳥かごに入れた半裸の美女に集団で缶ビールをぶっかけ（るという行為を本当にステージでやった）――「馬鹿でもいいじゃないか！」と大声で叫んでいるかのようなアンセムが、同作から多数生まれた。

Paul's Boutique – **Beastie Boys** (1989) Capitol, US
Genre: Alternative Hip Hop

しかし、彼らは本作で、変わった。「馬鹿な若者の代名詞」だったかもしれない彼らの名が、「クールの代名詞」へと転化し始めたのが、ここからだ。

前作がある種の「キワモノ」だとするならば、本作は「正面から」ヒップホップの音楽性の限界に挑むものだった。3人の声以外はほとんどサンプリングで組み上げられていて、アルバム全体では、その数なんと105をかぞえる。M15は1曲だけで24種のサンプル使用だ。共同プロデューサーとなった西海岸の雄、ダスト・ブラザーズの仕事だ。

分厚く綿密に組み上げられたタフなトラックの上で、切れ味抜群、3人の「掛け合い」ラップが高速で展開されていく……この全体像に、コアなヒップホップ・ファンがまず驚愕した。オルタナティヴ・ロック・ファンも反応した。かくして本作は、「ヒップホップ音楽全体の未来を構想した名盤」との評価を不動のものとする。

また本作は、彼らが活動拠点をロサンゼルスに移す先触れともなった。同地にてビースティーズはクリエイティヴな台風の目となった。インディー・レーベルや雑誌、アパレル、グラフィック・デザイン、映像……周囲に集まったクリエイターたちのなかには、のちにアカデミー賞を受賞する映画作家となる者もいた（スパイク・ジョーンズ、マイク・ミルズ、ソフィア・コッポラなど）。ちょっとしたルネサンス現象のようなこの大波は、米先端都市はもちろん、ロンドンや東京にまで波及した。90年代の「ストリート」文化と呼ばれたものの一部がそれだ。

Tracks: M1: To All the Girls / M2: Shake Your Rump / M3: Johnny Ryall / M4: Egg Man / M5: High Plains Drifter / M6: The Sounds of Science / M7: 3-Minute Rule / M8: Hey Ladies / M9: 5-Piece Chicken Dinner / M10: Looking down the Barrel of a Gun / M11: Car Thief / M12: What Comes Around / M13: Shadrach / M14: Ask for Janice / M15: B-Boy Bouillabaisse

53位

パラレル・ラインズ

（RS 140／NME 45）：817 pt

ブロンディ（1978年／Chrysalis／米）

Parallel Lines – **Blondie** (1978) Chrysalis, US
Genre: Pop Rock, New Wave, Power Pop

ポップを手にした自由の女神、地下から頂上への一本道

ディスコ・サウンドを導入、バンド最大のセールスを記録した曲「ハート・オブ・グラス」（M10）を収録していることでも知られる1枚だ。バンド名の由来、金髪美女キャラクターのデビー・ハリーの妖艶な歌唱と立ち居振る舞いが「これぞニューウェイブ時代の歌姫だ」として人気を博した。同曲は世界各国で1位を獲得。アルバムも全英1位、全米6位を記録。第3作となる本作で、ブロンディは成功への階段を一気に駆け上る。邦題は『恋の平行線』だった。

そもそものブロンディは、70年代ニューヨークのアンダーグラウンド・シーンにて、ラモーンズやトーキング・ヘッズなど、のちにパンク・ロックやニューウェイヴ音楽の旗手となる連中とくつわを並べていたバンドだった。それゆえに第1作、第2作には欠けていた「ポップな手触り」を今作で導入してみたところ、大化けに化けた。

最大の功労者は、オーストラリア人のレコード・プロデューサー、マイク・チャップマンだろう。ザ・スウィートやスージー・クアトロなど、グラム寄りの派手なポップ・ロックを得意とする彼の手腕と、ブロンディの素質とのあいだで化学反応が起きた。結果、M10だけではない、色とりどりの名曲群が並ぶ1枚となった。

M1はパワー・ポップ・バンド、ザ・ナーヴスのカヴァーだ。哀調と疾走感の入り交じった片想いソングを、ハリーが「はすっぱに」決めてくれる。M2のロックも見事だ。これは2013年にワン・ダイレクションがカヴァーして、ビッグ・ヒットとなったことをご記憶の人も多いだろう（ジ・アンダートーンズの「ティーンエイジ・キックス」とのマッシュアップでもあった。素晴らしいセンスだ）。

M9も、ある意味ブロンディのテーマ・ソングと言える1曲だ。ごく普通の少女が日常的に感じるやるせなさを歌うとき、ハリーの頭上に天使の輪っかが光ることがある。この曲がそれだ。M4も聴く者の心を千々に引き裂くセンチメンタリズムに満ちている。「ジャージー・ガール」だったハリーの実感あってのものだとして、ファンはこれらの曲を通じて、精神的に深いレベルで彼女と交信した気分になった。

これら、聴き手の情感にダイレクトに訴えるような手法は、本作にて「ポップ化」したからこそ初めて発揮された強みでもあった。ブロンディはこの点にさらに磨きをかけて、このあと数年、ヒットを連発していく。

Tracks: M1: Hanging on the Telephone / M2: One Way or Another / M3: Picture This / M4: Fade Away and Radiate / M5: Pretty Baby / M6: I Know but I Don't Know / M7: 11:59 / M8: Will Anything Happen? / M9: Sunday Girl / M10: Heart of Glass / M11: I'm Gonna Love You Too / M12: Just Go Away

52位

（RS 129／NME 54）：819pt

リメイン・イン・ライト

トーキング・ヘッズ（1980年／Sire／米）

越境者たちが、自らの肉体で「ビートの光」をつかむ

ロック・シーンに衝撃を呼んだ話題作であり、今日もなお、彼らの最高傑作との呼び声も高い、4枚目のアルバムがこれだ。前2作に続いて、プロデュースをブライアン・イーノが担当。彼とメンバーが傾倒していたアフリカ音楽、なかでもナイジェリアの巨星、フェラ・クティのアフロビートを研究。自らの音楽スタイルと大胆にミックスしていったその行為が賞賛された。80年代初期の音楽風景を一変させた。

トーキング・ヘッズのアフリカ音楽への接近は、イーノとの関係が始まったころから顕著となった。その旅の終着点として、このアルバムでは「まるでアフリカのバンドのように」音楽を組み立てようとした。たとえばポリリズムのビートに乗って、ひとつのコードで延々と演奏し続ける。それを録音して「一番よかったパート」を選択、今度は「そのパート」だけをまた延々と繰り返し演奏する……後年、サンプルした音源で「ループ」を組む、ヒップホップやダ

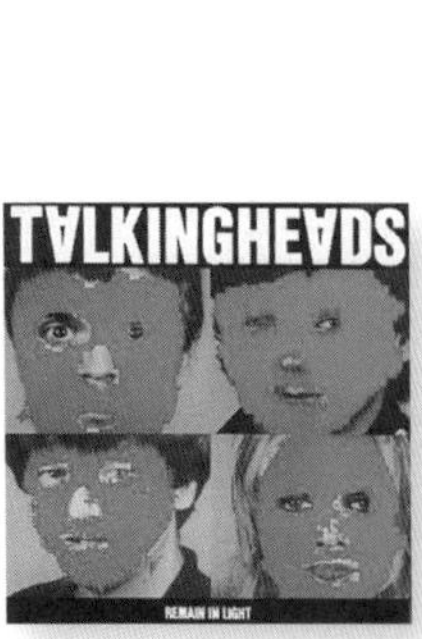

Remain in Light – **Talking Heads** (1980) Sire, US
Genre: New Wave, Worldbeat, Funk

ンス音楽の発想を、彼らは先取りしようとしていた。しかも「手弾き」という、バンドマンらしい方法で。

この新しい方法が生んだ「効果」の顕著な例は、シングルともなったM4だ。ひたすらに「鳴り続ける」アフリカン・ファンクが、ニューウェイヴの切れ味を得て、祝祭とも混沌ともつかない人工楽園へと聴く者をいざなう。アメリカン・ライフの「幸せの基準」に疑義を投げかける歌詞は、まるであの世の門にいる説教師みたいだ。神経症的に痙攣《けいれん》するデヴィッド・バーンのヴォーカルと、非人間的に「再生産され続けるビート」が、相反する「意味」を言葉にぶつけ続けるこの緊張構造は、まさに現代アートのそれを彷彿させた。彼らのこの達成が、とくに玄人筋をうならせた。

ところで、どうも世界じゅうで日本でだけ、本作へのバッシングがおこなわれていた、らしい。「白人のロック・バンドが黒人音楽をあからさまに導入するのは間違っている」のが理由だという。意味がわからないのだが、もしそう考える日本の人がいるのなら、その人は洋楽を聴いてはいけない。「他民族」がやっているのが洋楽なのだから。また日本人の演奏でも、それがロックなら聴いてはならない。トーキング・ヘッズの「このやりかた」こそが、ロックの原点から脈々と流れ続ける思想に基づいているものだからだ。それは、人種でも民族でも音楽ジャンルでも「あらゆる壁」を飛び越してやるんだ！という、冒険者の心意気のことだ。

Tracks: M1: Born Under Punches (The Heat Goes On) / M2: Crosseyed and Painless / M3: The Great Curve / M4: Once in a Lifetime / M5: Houses in Motion / M6: Seen and Not Seen / M7: Listening Wind / M8: The Overload / M9: Fela's Riff / M10: Unison / M11: Double Groove / M12: Right Start

51位

OKコンピューター

（RS 162／NME 20）：820pt

レディオヘッド（1997年／Parlophone／英）

ヒッチハイクで銀河を渡り、押し出されてトップに立つ

90年代初頭、米英を席巻したオルタナティヴ・ロックのブームが、まるで鎮火されたかのようにその勢いを失っていくなか、ただひとつ、焼け跡にて屹立していた一輪のか細いレンゲ草のような存在が彼らだった。ロックのかがり火は、この薄い肩に担がれていくことになる。ちなみにこのバンド名は、トーキング・ヘッズのアルバム『トゥルー・ストーリーズ』（86年）収録曲のタイトルから名付けられた。3枚目のスタジオ・アルバムが本作となる。

このときバンドを一気に成長させようとしていた中心人物のトム・ヨークいわく、本作の発想の原点は、マイルス・デイヴィスの『ビッチェズ・ブリュー』（70年）だったという。アヴァン・ジャズ・フュージョンの名作である同作を、彼は「すさまじく高密度で『怖い』音」と解釈した。「なにかを建設し、それが壊れていく様を観察しているような美しさ」であり、アルバムで追い求めたのはこれなのだ、と。

OK Computer – **Radiohead** (1997) Parlophone, UK
Genre: Alternative Rock, Art Rock

その言葉どおり、本作には、これまでにない堅牢な構造体がその基盤に置かれていた。たとえばM1、まるでサンプリングされたブレイク・ビーツのループのような、極太のドラム・サウンドに耳を奪われる。ミックスにかんする意識が、これまでの彼らとはまったく違う。当時世間を騒がせていた「トリップ・ホップ」という音楽スタイルのごときテクスチャーが全体を覆う。この「堅牢」に、たとえばM1では、横殴りの暴風雨みたいなディストーション・ギターが襲いかかる。M2、M9の不穏で神経過敏な感じは、まるでマッシヴ・アタックのアルバムでレディオヘッドが客演して――そのまま曲を乗っ取っちゃったみたいだ。まさに大波乱の1枚。だからこそ、そんななかにそっと置かれた、アルペジオが（ヴェルヴェット・アンダーグラウンドの「サンデイ・モーニング」みたいな）繊細なM10や、エモーショナルなM12の美しさは格別だ。

本作は、全英チャートで（彼らにとって初の）初登場1位。全米では最高位が21位だったものの、これまでよりはずっとよかった。そしてなんと、グラミー賞の「アルバム・オブ・ザ・イヤー」と「ベスト・オルタナティヴ・ミュージック・アルバム」にノミネートされ、後者を受賞する（これ以降、このパターンで顕彰されることが彼らの定番となる）。まさにこの1枚にて、レディオヘッドはシーンのトップ・ランナーとなった。いまもって、彼らの代表作だとする声も多い。

Tracks: M1: Airbag / M2: Paranoid Android / M3: Subterranean Homesick Alien / M4: Exit Music (For a Film) / M5: Let Down / M6: Karma Police / M7: Fitter Happier / M8: Electioneering / M9: Climbing Up the Walls / M10: No Surprises / M11: Lucky / M12: The Tourist

50位

キッドA

（RS 67／NME 114）：821pt

レディオヘッド（2000年／Parlophone／英）

壮大なる内省の旅を、電子の楽器の波形に乗って

またレディオヘッドだ。今度は彼らの4枚目のスタジオ・アルバム。大いなる物議、あるいは賛否両論が沸騰する問題作――になりそうな大胆な着想が、あにはからんや、彼らにとって初の全米1位を獲得させることになった。全英1位はもちろん、発売初週にUKプラチナムの認定も受ける……すなわち、大成功作となってしまう。批評家の受けも上々。これが、当時の彼らの「勢い」だった。いつの間にか、音楽シーンで無敵の強さを発揮する「マイティ」レディオヘッドと彼らは化していた。

本作における「大胆な着想」とは、音楽性の一大変更を意味する。3人もギタリストがいる、オルタナティヴ「ギター」ロック・バンドとして出発した彼らが、「それだけではないんだ」との音楽的広がりを求めて成功したのが前作『OKコンピューター』（51位、97年）だった。しかし、そこで名実ともにトップ・バンドとなったとき、「やはり」と言うべきか、中心人物

Kid A – **Radiohead** (2000) Parlophone, UK
Genre: Experimental Rock, Electronica, Ambient, Post-Rock

のトム・ヨークは悩んでいた。

ひとつは「レディオヘッドのエピゴーネン」のあまりの多さが問題だった。また、一芸を求められ続けること（「クリープ」の再現をいつも求められる、など）にも疲弊させられた。だからヨークは、以前より惹かれていたエレクトロニカ音楽へと接近する。なかでもアンビエント寄りの電子音楽へと……「ギターなんか、あとまわしでいい」とばかりに、シンセサイザー、リズム・マシーン、ストリングスやブラス・セクションに加えて、フランスの古典的な電子楽器オンド・マルトノも使用された。

つまり、当時のヨークはデヴィッド・ボウイが『ロウ』（68位、77年）を制作したときのような状態になっていた、ということだ。同作でのイーノとヴィスコンティの役割を担ったのは、前々作『ザ・ベンズ』（95年）から組んでいるプロデューサーのナイジェル・ゴドリッチ。しかしボウイとは違って、ここでのヨークは「前人未到の場所」を探してはいない。こんなしつらえなのに「歌もの」ばかりなのには理由がある。彼の目は「自らの内面」へと向かっていた。ヨークの「インナー・トリップ」と呼ぶべき、壮大なる物語性に人々は魅了された。

それゆえ、アルバムのなかで唯一「ギターが吠える」ナンバー、M6のカタルシスはすごい。電子楽器オーケストラを向こうにまわした熱演だ。日本でのみ、中森明菜のヒット曲（「少女A」）と本作タイトルが似ているとして、小さな話題となった。

Tracks: M1: Everything in Its Right Place / M2: Kid A / M3: The National Anthem / M4: How to Disappear Completely / M5: Treefingers / M6: Optimistic / M7: In Limbo / M8: Idioteque / M9: Morning Bell / M10: Motion Picture Soundtrack

49位

（RS 111／NME 66）：825pt

ザ・ベンズ

レディオヘッド（1995年／Parlophone／英）

ようやく咲いた、弱々しくも「折れない」ロックの花

またまたレディオヘッドだ。僕に作為はない。集計したらこうなった。全100枚のこのリストの、ちょうど真ん中の3席を彼らのアルバムが連続で占めることになった。たまたま——か、〈ローリング・ストーン〉と〈NME〉リストの選者も含む、米英ロック・ファンの集合無意識がそうさせたのか、僕にはわからない。51位の『OKコンピューター』（97年の第3作）、50位の『キッドA』（00年の第4作）に続き、49位に入ったのは彼らの第2作、最初に成功したアルバムだ。

といっても、これ以前にもヒット曲はあった。デビュー・アルバム『パブロ・ハニー』からの先行シングル曲「クリープ」（92年）が、翌93年あたりから、世界じゅうの一部で激しく支持されていた。こんな曲だ。「でも僕はキモイ奴、ブキミな奴／ここで僕、なにやってんだろう？／いるべき場所じゃないのに」——といった、めそめそした泣き虫調のラインと、チェー

The Bends – **Radiohead** (1995) Parlophone, UK
Genre: Alternative Rock, Indie Rock

ンソーがうなりを上げるような轟音ギターとの合体が、気弱なインディー・キッズの心をつかんだ。ベックのヒット曲「ルーザー」（94年）と並んで、負け犬系オルタナ・ロックの決定版的ナンバーとして、歴史に足跡を残した――その一方で、アルバムのほうはセールスも評価も、ほとんど無風状態だった。

だから本作の課題とは、『「クリープ」の成功律』をアルバム・サイズにまで敷衍すること、だった。盛大なるギター・ロック・サウンドを彼らは目指し、それは見事に達成された。本作は、英〈メロディ・メーカー〉誌の年間ベスト・アルバムの6位に選出される。オアシスの『（ホワッツ・ザ・ストーリー）モーニング・グローリー』、これはイギリスにおいては超巨大怪獣級の大ヒット名盤だったのだが、それが同3位だった年にこの順位なのだから、快挙と言っていい。轟音のM1、M2もいいが、「クリープ」のアコースティック版、多少明るめなアナザー・ヴァージョン的なM3も印象深い。M12も小規模ながらシングル・ヒットとなった。

本作のプロデュースは、ストーン・ローゼズのファースト・アルバムで名高いジョン・レッキーが手掛けた。難産だった制作中、煮詰まっていたヴォーカリストにして中心人物のトム・ヨークに、ティム・バックリィのライヴを観に行くようにアドバイスしたのは彼だ。それは見事な効果を発揮して、ヨークを立ち直らせたという。彼らの次回作『OKコンピューター』は、奇遇にも、バックリィの急死の直後にイギリスで発表された。

Tracks: M1: Planet Telex / M2: The Bends / M3: High and Dry / M4: Fake Plastic Trees / M5: Bones / M6: (Nice Dream) / M7: Just / M8: My Iron Lung / M9: Bullet Proof..I Wish I Was / M10: Black Star / M11: Sulk / M12: Street Spirit (Fade Out)

48位

（RS 43／NME 132）：827pt

※48位、47位の2枚が同スコア

ザ・ダーク・サイド・オブ・ザ・ムーン

ピンク・フロイド（1973年／Harvest／英）

月の裏側に「ロックのアルバム芸術」未踏の大平原があった

クフ王のピラミッド同様、永遠に（近いほど）消滅せぬ偉大なる事業の成果を人間界に刻み込んだ——と言っていいぐらい、歴史的な1作がこれだ。彼ら8枚目のスタジオ・アルバムとなる本作は、プログレッシヴ（前進的な）・ロックの代表作であり、いつの時代もポップ音楽の旅人たちに方位を告げる、北極星のごとき存在だ。つまり、指標だ。たとえば51位のレディオヘッド『OKコンピューター』（97年）などは「新時代の」本作である、なんて評された。

画期性の最たる点は、コンセプト・アルバムとしての完成度の高さだ。1曲1曲を取り出して聴けば、とくに前進的に思えないものもある、だろう。メランコリックな小品だ、とか——だが「流れのなかで」「全体を通して」聴くと、印象がガラリと変わる。効果音だって、すべて「完璧に計算して」楽曲の一部、いやアルバムの、いいや「宇宙の」一部分を成しているのだ！……というのが、本作の真のすごみだ。

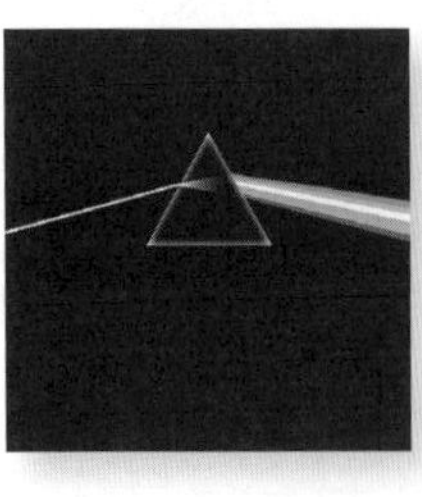

***The Dark Side of the Moon* – Pink Floyd** (1973) Harvest, UK
Genre: Progressive Rock

歌詞はすべて、このときバンドの中心人物だったロジャー・ウォーターズが書いた。船頭にして、指揮者が彼だ。全体でひとつの組曲となるよう設計された楽曲群が、幾度も幾度も、相互に関連しつつ、ストーリーを、テーマを、さまざまな色と形に変転させては繰り返し浮上させる。この芸術的質量の巨大さは、「それまでのロック」とはまるで桁が違った。イマジネーションの限りを注ぎ込む器として、彼らほど「アルバム」という形態の構造的特徴を活用した者はいなかった。

本作にはシングル・ヒットまであった。M6（アナログならB面1曲目）「マネー」がアメリカで売れた。だが売れたというならば、本作そのものが「史上空前の」ロングセラー・アルバムだ。ビルボード200には15年間連続で（！）一日の抜けもなくチャート・イン。カタログ（旧譜）セールスを反映させたチャートでは、いまだに当たり前のようにそこに名がある。その売り上げ総計は5000万枚に達したと見られており、マイケル・ジャクソン『スリラー』やAC／DC『バック・イン・ブラック』と並ぶ、人類史上屈指のセールスを誇る……のだが、このままのペースでいくと、いずれトップに立つのは本作かもしれない。才気あふれるデザイン集団ヒプノシスが手掛けたアートワークも、アルバムのジャケット・デザイン界の「モナリザ」と言っていいぐらい有名だ。邦題は『狂気』だった。

Tracks: M1: Speak to Me / M2: Breathe (in the Air) / M3: On the Run / M4: Time ~ Breathe (Reprise) / M5: The Great Gig in the Sky / M6: Money / M7: Us and Them / M8: Any Colour You Like / M9: Brain Damage / M10: Eclipse

47位

（RS69／NME106）：827pt　※48位、47位の2枚が同スコア

「レッド・ツェッペリンⅣ」

レッド・ツェッペリン（1971年／Atlantic／米）

神々のハード・ロック、霧深き山嶺に鳴り響く

キャリアのなかで、最も売れた１枚だ（これまでに約３７００万枚）。「天国への階段」の邦題で知られるＭ４が収録されていることでも有名だ。またＭ１、Ｍ２は、ブルージーなハード・ロックの「極点」に旗を立て、永遠の炎を身中に宿した名曲だと言っていい。本作の成功により、「レッド・ツェッペリン」の名は、まるで北欧神話の神々のごとく、アメコミ実写版のごとく「人間離れしたスーパーヒーロー」が揃い踏みした集団の記号として、燦然《さんぜん》と輝く後光をつねに背負うことになる。

　と、そんな成功作なのに、本作は正式なアルバム名がたぶんない（「Ⅳ」というのは、通称だ）。ギタリストのジミー・ペイジ以外はだれも読めない、ルーン文字のような謎記号が、ＬＰレコードを格納する「内袋」に印刷されているだけだった。曲名もここにのみ記されていた。そしてスリーヴには、文字はない。バンド名すら記載されていなかった。もちろんレーベルは

[Led Zeppelin IV] – **Led Zeppelin** (1971) Atlantic, US
Genre: Hard Rock, Blues Rock, Folk Rock

嫌がったのだが、ペイジが押し通した。

傑出したロック・ギタリストであり、作曲者でもあるペイジは、レッド・ツェッペリン全アルバムのプロデューサーでもあった。不評だった前作を糧に、この4作目を制作時の彼は、これまで以上に「入れ込んだ」。その証しのひとつが、謎記号にあらわれる神秘学やオカルト趣味。さらには、英南東部にある18世紀に建てられた邸宅「ヘッドリィ・グランジ」での録音へとつながっていった。ローリング・ストーンズ所有の「モービル・スタジオ」――トレーラー内部に調整室のすべてを詰め込んだ、移動式の特注システム――をレンタルして使用、この屋敷特有のアンビエンスを活かして楽器類を録った。これがうまく作用して、もしかしたら神霊のご加護などもあって、彼らの「スーパーパワー」を一方向へと集中させることに成功した。

たとえば、前出のM4。ハード・ロックとトラッド・フォークが融合した上を、まるでチタン合金が人の形になってそのまま歌っているかのような、ロバート・プラントの強靱なハイ・トーンが突き抜けていく。これを挙げてない「ロック名曲集」があったならば見るに値しない、と言うほどの超名曲だ。彼らの音楽は、ヘヴィ・メタルとして小さくまとまる、という易き道の「まったく逆」をこそ指向した。そして本作にて、ハード・ロックの枠をも軽々と超え、ロック音楽の全域のどこから見ても「そこにあることがわかる」、まるで巨大灯台のような域へと到達した。

Tracks: M1: Black Dog / M2: Rock and Roll / M3: The Battle of Evermore / M4: Stairway to Heaven / M5: Misty Mountain Hop / M6: Four Sticks / M7: Going to California / M8: When the Levee Breaks

46位

クローサー

（RS 157／NME 16）：829pt

ジョイ・ディヴィジョン（1980年／Factory／英）

愛が僕らをふたつに引き裂く、と墓碑銘にはあった

スコア欄の英高米低傾向が、本作の性格を象徴的に物語っている。彼らにとって第2作であるこのアルバムがリリースされるちょうど2カ月前、1980年5月18日、ヴォーカリストにして「負のカリスマ」だったイアン・カーティスが自宅で首吊り自殺する。享年23。初のアメリカ・ツアーに出発する前日のことだった。発見されたとき、彼のレコード・プレイヤーにはデヴィッド・ボウイがプロデュースしたイギー・ポップのソロ・デビュー・アルバム『イディオット』があり、まだそのままの状態で回転していたという。

インディー・ロック・ファンに歓迎されたデビュー作以来、順風満帆に見えたバンドに起きたこの事件は衝撃的だった。本作の録音はカーティス存命時の4月に終了していた。しかしまるで、事後の混乱と人々の痛みをあらかじめ見越して、それを吸収するために用意した底なしの暗がりが、ぽっかり口を開けているようなアルバムがこれだった。そして、この憂鬱に、

Closer – **Joy Division** (1980) Factory, UK
Genre: Post-Punk, Gothic Rock

「暗さ」に、イギリスを中心とするインディー・ファンが耽溺《たんでき》した。また、ピーター・サヴィルによるスリーヴ・アートが、たまたまイタリアはジェノバの墓所の写真を使っていたことと合わせて、闇の世界とどこか通じているかのような、ゴシック文化の波動を感じ取った層もいた。M1、M2、M9などが聴きどころだ。本作発表直前にリリースされたアルバム未収録のシングル「ラヴ・ウィル・ティア・アス・アパート」は、バンド最大のヒット曲となった。

コミュニケーション不全と孤独を歌うカーティスのバリトンをバッキングしたのは、シンセサイザーを駆使し、メロディを弾きまくるベースに先導される「ポスト・パンク」の嚆矢《こうし》となるスタイルだった。残った3人は「ニュー・オーダー」と名をあらためて、80年代イギリスを代表する国民的バンドとなる。カーティスの急逝を題材とした曲「ブルー・マンデー」(83年)は初の国際的なヒットとなった。

彼らの故郷は、イングランド北部の都市、マンチェスターだ。ここはバズコックスからオアシスまで、幾多のバンドを生み出した音楽都市だ。産業革命時は平均寿命(平均年齢ではない)が25歳という、大公害の工業都市でもあった。だからこの地のエッセンスの「最もダークなところ」を集めたブラックホールがジョイ・ディヴィジョンだったのかもしれない。ちなみにこのバンド名は、ナチス・ドイツが強制収容所内で運営していた慰安所、つまり売春施設の名称から取ったものだった。

Tracks: M1: Atrocity Exhibition / M2: Isolation / M3: Passover / M4: Colony / M5: A Means to an End / M6: Heart and Soul / M7: Twenty Four Hours / M8: The Eternal / M9: Decades

45位

パープル・レイン

（RS76／NME91）：835pt

プリンス・アンド・ザ・レヴォリューション（1984年／Warner Bros.／米）

愛と相互理解と融合の伝道師は、紫の雨のなかにいた

プリンスの魅力、能力、あるいは「超」能力のすべてを知るための地図が、このたった9曲のなかにある。彼にとって6枚目のアルバムとなる本作は、自身が出演する同名映画のサウンドトラック盤として制作され、記録的なセールスを叩き出した。グラミー賞のみならず、アカデミー賞まで獲った。全アメリカを「プリンス色」に染め上げ、80年代の色彩を決定づけた。そんな、すさまじいまでの成功作がこれだ。

プリンスの功績とは、なにか。「あらゆる境界線を超えて、その両側のものを自由自在に混ぜ合わせる」ことの、至上の愉悦を、音楽を通して啓蒙したことだ。天には、地には、そして人には「愛がある」ゆえに、それはきっと可能であるはずだ、と彼は一切の逡巡なく、信じ続けていた。彼のその信念が、きわめて高純度で結晶化され、地球中の人々の眼前に示された最初の1枚、それが本作だった。

Purple Rain – **Prince and The Revolution** (1984) Warner Bros., US
Genre: Pop, R&B, Rock

特筆すべきことは、本作において初めて明瞭にプリンスをバックアップし得た、稀代の名バンド、ザ・レヴォリューションとのコンビネーションの完成だ（前作に続いてのタッグ）。

彼の音楽スタイルの基本は、70年代のファンクに「エレクトロニック」処理をした上で、R&Bやポップはもちろん、ロックとも大胆に混合、どの角度から見ても「プリンス印」が付きまくったオリジナル・スタイルへと昇華する、というものだ。たとえば、史上稀な「ベースなしのファンク」だったM6、猥雑にして高揚感でいっぱいのM1といった、シングルにて全米1位を記録したナンバーにそれは顕著だ。

とくに後者、プリンスのギター・ソロがすごい。〈ローリング・ストーン〉認定、「史上最も過小評価されているギタリスト25人」（07年）にて堂々1位を獲得したのがプリンスだったことを、忘れてはならない。しかし、彼のギターの真髄を聴くならタイトル・トラックのM9だ。この、あまりにも濃厚かつ、だだ漏れになったエモーションの奔流——は、恰好悪いと言えば、かぎりなく恰好悪い。だがしかし、通りのど真ん中、素っ裸で天に向かって愛を叫ぶようなこのナンバーのなかにこそ、プリンスがR&Bの伝統の上に立った愛の使者であることの、なによりの証拠がある。

一聴しただけで、胸が躍る。瞳孔は広がり、鼓動は高まり、歓喜の笑顔が頬に自然に浮かび上がる……そんなプリンスの音楽が、世を制した瞬間の記録が本作だ。

Tracks: M1: Let's Go Crazy / M2: Take Me with U / M3: The Beautiful Ones / M4: Computer Blue / M5: Darling Nikki / M6: When Doves Cry / M7: I Would Die 4 U / M8: Baby I'm a Star / M9: Purple Rain

44位

（RS 151／NME 13）：838 pt

フューネラル

アーケイド・ファイア（2004年／Merge／米）

灰は灰に、塵は塵に、そして不燃の真実一路が蘇る

ある種のシンデレラ・ストーリーを実現したのが、彼らのデビュー・アルバムである本作だ。たとえばそれは、こんなストーリーだ。

なんの奇抜さもない、まさに真実一路の「インディー」ロック・バンドが、ファンだけではなく、メディアや批評家、あるいは先達の音楽家から賞賛され、愛されて、本来の美質をなにも損なうことなく、さらに上へ上へと伸びていく……無条件にいい話だから、ほとんどの場合、これは実現しない。言い換えると、そんな「いい話」もないままに、90年代の大活況から一転して熱的死へと近づきつつあったのが、この時代の北米シーンだった。ほぼ唯一、このアーケイド・ファイアを例外として。

カナダはケベック州、モントリオール出身の男女混合7人組の彼ら最大の魅力は、その無垢な「音楽愛」だ。たとえばM7「ウェイク・アップ」。彼らはこの曲を、デヴィッド・ボウイ

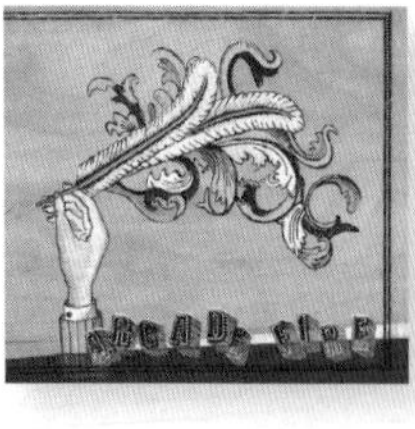

Funeral – **Arcade Fire** (2004) Merge, US
Genre: Indie Rock, Chamber Pop, Art Rock

といっしょに演奏したことがある。05年、TV番組の主催するイベントでのステージだった。ギターを弾きながら、シリアスな表情でリード・ヴォーカルをつとめるボウイのすぐ側に、喉も裂けよとコーラスする若きメンバーたちがいた。ヴァイオリンやアコーディオンなど、あらゆる楽器を手にした、やけに人数が多いバンドがいた。このときアーケイド・ファイアは、（お返しとして）ボウイ畢生の名曲「ライフ・オン・マーズ」や「ファイヴ・イヤーズ」も共演した。そしてこのパフォーマンスが「感涙必至」だとして、音楽ファンのあいだで話題となった。

ボウイだけではない、U2も「ヴァーティゴ・ツアー」（05年から06年）ではたびたび彼らをオープニング・アクトに起用した。ケベックのショウではアンコール時にステージに呼び入れ、ジョイ・ディヴィジョンの「ラヴ・ウィル・ティア・アス・アパート」をみんなで歌った。

こんな夢物語を実現させたのが、本作だ。セルフ・プロデュースで、アメリカ南部の老舗インディー・レーベル、マージ・レコードからリリースされた。お葬式、という意味のアルバム・タイトルは、制作時にメンバーの周辺で9人もの近親者が物故したゆえだ、と言われている。アメリカーナの香りもうっすら漂う、「誠実」だけを絵に描いたような、手作りのインディー・ロックは、とくに「すれっからしの耳」を持つ者の心をこそ打った。このあとも、彼らの快進撃は続いていく。

Tracks: M1: Neighborhood #1 (Tunnels) / M2: Neighborhood #2 (Laïka) / M3: Une année sans lumière / M4: Neighborhood #3 (Power Out) / M5: Neighborhood #4 (7 Kettles) / M6: Crown of Love / M7: Wake Up / M8: Haiti / M9: Rebellion (Lies) / M10: In the Backseat

43位

（RS 33／NME 127）：842pt

ラモーンズ

ラモーンズ（1976年／Sire／米）

革ジャンの契りを交わした義兄弟、電撃的な大発明をする

イギリス人は恩を忘れたのか。なんだこの順位は！　本作がなければ、ロンドン・パンクはかけらもない。彼ら76年のロンドン公演には、セックス・ピストルズやクラッシュの面々が楽屋にまで押しかけた。みんなラモーンズの音楽を真似た……パンク・ロックの、どう少なめに見積もっても75％は、ただラモーンズの発明だ。ガレージ・ロックなどの影響のもと、彼らが突然に「実用化」してしまったスタイルの要諦がすべて、このデビュー作のなかにある。

パンク・ロックとはなにか、ラモーンズの演奏を10秒聴けばわかる。「ワン、トゥー、スリー、フォッ！」と吠える素早いカウントから、かきむしられるギターと「速い」ビートであと数秒……ただ、歌が始まるまで「どの曲だかわからない」こともある。ライヴでは僕も混乱させられた。偉大すぎるワンパターンだからだ。演奏時に愛想がないからだ（本当は、テンポが速すぎて演奏するだけで必死だから）。

Ramones – **Ramones** (1976) Sire, US
Genre: Punk Rock

ガッと脚を開き地を踏みしめ低い位置で楽器を構え、マシンガンのように弾くのが、ギターのジョニーとベースのディー・ディーだ。手足以外は微動だにせず叩き続けるドラムスのトミーもいる。そして2メートル近い長身にサングラス姿で、ロネッツのロニー・スペクターばりの「甘い歌声」を披露するのが、ジョーイだ。この全員が「ラモーン」姓を名乗る。だから彼らは「ラモーン一家」の義兄弟だ。ユニフォームは革ジャンにTシャツ、破れたジーンズ、キャンバス・スニーカー、そして長髪……音楽性のみならず、このキャラクターも愛された。

外見面のコンセプトを考えたのが、コミックブック・ファンのジョニーだった。彼はディー・ディーとともに、プラモデル好きの小学生と同程度の意味での「ナチ・マニア」だった。その趣味の反映が、「電撃バップ」との邦題が有名なM1。これは進軍するワルガキをナチス・ドイツの「電撃作戦」にたとえたナンバーだ。彼らの代表曲であり、パンク・ロックの誕生を世に告げた輝かしい1曲——なのだが、もちろんこの「趣味」が叩かれた。しかしジョーイとマーキーはもちろん、関係者の多くもユダヤ人だった。この矛盾もまた、ラモーンズだった。

本作は最も長い曲で2分35秒しかない。トータル30分未満で計14曲。邦題は『ラモーンズの激情』だった。ジョーイ、01年没、享年49。ジョニー、04年没、享年55。ディーディー、02年没、享年50。トミー、14年没、享年65。アバとベイ・シティ・ローラーズを愛した、ニューヨークはクイーンズ区のワルガキ・チームは、音楽性同様、猛速度で人生を駆け抜けていった。

Tracks: M1: Blitzkrieg Bop / M2: Beat on the Brat / M3: Judy Is a Punk / M4: I Wanna Be Your Boyfriend / M5: Chain Saw / M6: Now I Wanna Sniff Some Glue / M7: I Don't Wanna Go Down to the Basement / M8: Loudmouth / M9: Havana Affair / M10:Listen to My Heart / M11: 53rd & 3rd / M12: Let's Dance / M13: I Don't Wanna Walk Around with You / M14: Today Your Love, Tomorrow the World

42位

（RS 130／NME 29）：843 pt ※42位、41位の2枚が同スコア

マーキー・ムーン

テレヴィジョン（1977年／Elektra／米）

「美しき首」とあの街の地下世界を、ただ青い月だけが照射した

ラモーンズと同様の意味では、彼らの音楽はパンク・ロックではない。しかしこの、ニューヨーク・シーンの闇の奥に咲く月見草のような彼らのデビュー作は、「アート・パンク」と呼ばれることがある。また、実質的には「プロト」パンクであったにもかかわらず、同時に「ポスト」パンク・バンドたちの里程標として信奉される、なんていう離れ業をも成し遂げた。

たとえば、相撲道のようにパンク・ロックにも「心・技・体」があったとするならば、「技」の頂点を形成するのがこのアルバムだ（ちなみに、ラモーンズはもちろん「体」一発だ）。技芸の「技」だ。アートと文学によって人の精神を「現実世界の果て」にまで飛翔させる想像力の翼をロック音楽に与えた本作は、このバンドに永遠の居住地を与えた。それは、詩人の王国だった。

ヴォーカル&ギターのトム・ヴァーレインの姓、これは芸名で、日本では堀口大學の和訳で

Marquee Moon – **Television** (1977) Elektra, US
Genre: Rock, Proto-Punk, Art Punk, Post-Punk

知られる19世紀フランスの象徴派詩人、ヴェルレーヌからとったもの（英語読み）だ。ランボーを彷彿させるような詞もある。この文学性とギターがテレヴィジョンの屋台骨だ。もうひとりのギタリストであるリチャード・ロイドとヴァーレインの掛け合い、インタープレイが賞賛を集めた。水晶のペン先で素描されたかのような、情緒的かつ、透徹した緊張感の高さ、重音奏法も駆使したその幻惑性に、聴く者のことごとくが魅了された。いや、取り憑かれることになった。

10分近くに及ぶタイトル曲M4が、とにかくすさまじい。次点が、アグレッシヴな「パンクの貌」をより直接的にのぞかせたM1、アルペジオに脳を支配されるM2、尖りまくったM3もいいし、スケールの大きなバラッドのM6も素晴らしい。商業的な成功と言うよりも、本作は一部特定の「アーティ」な人々から、絶大なる支持を獲得した。ヴェルヴェット・アンダーグラウンド以来の、そして、それに次ぐ「地下世界のカリスマ」としての名声を、テレヴィジョンはこのたった1枚で確立した。しかし、二度とここまでの高みに到達し得るアルバムを生み出すことはなかった。

スリーヴ写真は、同じニューヨーク・シーンで活躍していたロッカー、パティ・スミスの恋人だった写真家ロバート・メイプルソープが撮った。あの街にあったアートの坩堝《るつぼ》の痕跡が刻印された1枚が本作だ。

Tracks: M1: See No Evil / M2: Venus / M3: Friction / M4: Marquee Moon / M5: Elevation / M6: Guiding Light / M7: Prove It / M8: Torn Curtain

41位

（RS 15／NME 144）：843 pt

※42位、41位の2枚が同スコア

アー・ユー・エクスペリエンスト

ザ・ジミ・ヘンドリックス・エクスペリエンス（1967年／Track／英）

下界に降臨したロック・ギターの超人を「体験したかい？」

彼をロック・ギターの「神」と呼ぶ声がよくあるが、それは決して大袈裟な比喩ではない。「あの当時すごかった」だけではない。いまに至ってもなお、本質的な意味で彼を超えられたギタリストは、ただのひとりもいない。〈ローリング・ストーン〉が選ぶ「史上最も偉大な100人のギタリスト」ランキングにおいて、最初の03年版、11年の改訂版、そのどちらにおいても揺るぎなく「1位」だったのが彼、ジミ・ヘンドリックスだ。言うなれば『ドラゴンボール』みたいな、マンガ的な意味での「超人」性を発揮した、破格のギタリストのデビュー・アルバムがこれだ。

本作は、彼が率いるバンド、ジミ・ヘンドリックス・エクスペリエンス名義にて制作された。彼の天才性に気づいたのは、イギリス人のほうが早かった。ヘンドリックスを「発見」したマネージャーは、イギリス人である元アニマルズのチャス・チャンドラーだったし、バンド・メ

Are You Experienced – **The Jimi Hendrix Experience** (1967) Track, UK
Genre: Psychedelic Rock, Acid Rock, Blues Rock

ンバーの2人も同国の白人青年だった。ビートルズ、ローリング・ストーンズのメンバー、若き日のフレディ・マーキュリーらがライヴに詰めかけた。エリック・クラプトンやジェフ・ベックら、同世代のトップ・ギタリストたちは異口同音に、ヘンドリックスへの賞賛——と言うよりも、明確なる驚愕と憧れの弁を、数多く残している。そんな環境のなか、故郷から遠く離れたロンドンにて録音されたのがこのアルバムだ。

人気曲のM1は、幾度カヴァーされたことか。ヘンドリックス奏法の特徴のひとつである「フィードバック」サウンドからこのナンバーは幕を開ける。エレクトリック・ギターとは、ピックアップが取り込んだ振動を電気信号に変換し、それによりアンプのスピーカーを「鳴らす」。この「鳴った音」をふたたびピックアップに取り込むと、ノイズが発生する。「ハウリング」と日本では呼ぶこともある、狼の遠吠えみたいな、歪んで裏返ったような「雑音」を、自由自在に演奏に取り込むことにかけて、ヘンドリックスは完全なる先駆者だった。エフェクターも多用した。それら進取の気性が、彼のベーシックにある、熱くたぎる「ブルース」ロックの血を、それまでだれも想像しなかった次元の音楽へと飛翔させたのが、このアルバムだ。

そして、アメリカを含む「ロックを聴く国」のほぼ全部が、本作とヘンドリックスの音楽に強い衝撃を受けた。彼の自由な精神は、プリンスそのほか、その後の無数の才人ギタリストのロール・モデルともなった。

Tracks: M1: Foxy Lady / M2: Manic Depression / M3: Red House / M4: Can You See Me / M5: Love or Confusion / M6: I Don't Live Today / M7: May This Be Love / M8: Fire / M9: Third Stone from the Sun / M10: Remember / M11: Are You Experienced?

40位

（RS 55／NME 103）：844 pt

エレクトリック・レディランド

ザ・ジミ・ヘンドリックス・エクスペリエンス（1968年／Reprise／米）

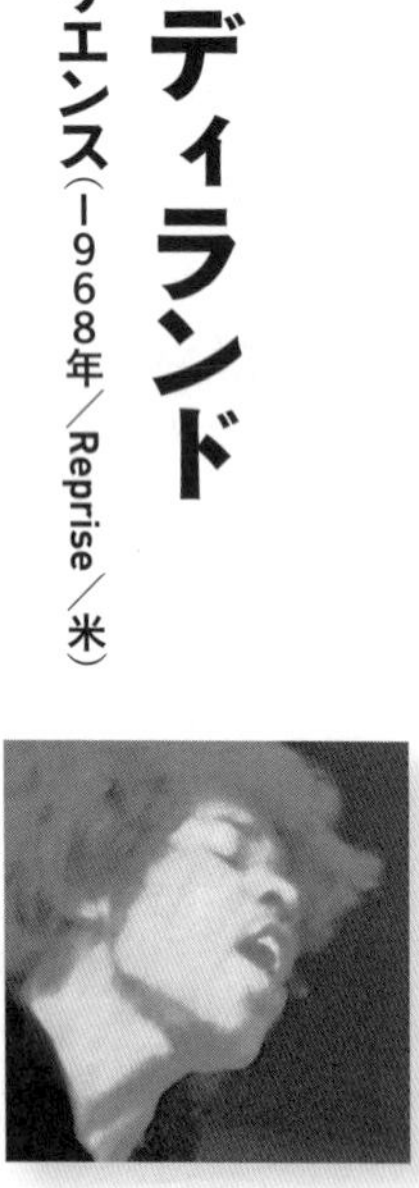

「燃えつきる」すこし前、彼のギターが放った最後の烈火

2連続でジミ・ヘンドリックスだ。アメリカ人（〈ローリング・ストーン〉）は、41位のデビュー作『アー・ユー・エクスペリエンスト』のほうを、本作よりも上位に置いていた。イギリス人（〈NME〉）はこっちが上だった。そんなねじれ現象のなか、僅差（1ポイント差）で本作が上位に入った。僕の意見では、これは正しい。彼が生前に残した3枚のスタジオ・アルバムのうち、最後の1枚にあたる本作が、最も多彩かつ豊潤な充実作である、と考えられるからだ。

アルバム・デビュー後のヘンドリックスは、なによりも、ライヴで人々をノックアウトし続けた。なかでも名高いのが67年、史上初と言っていい規模の野外ロック・フェスティバル、モンタレー・ポップ・フェスでの名演だ。「ギターでこんな音が出るのか！」「しかも、燃やすのか！」と、観客の度肝を抜いた。そうして時代を象徴するスーパー・ロックスターとなった彼

Electric Ladyland – **The Jimi Hendrix Experience** (1968) Reprise, US
Genre: Psychedelic Rock, Acid Rock, Blues Rock

Tracks: M1: ...And the Gods Made Love / M2: Have You Ever Been (To Electric Ladyland) / M3: Crosstown Traffic /

が、巨大なプレッシャーのもとで心血を注いだのが本作。LPレコード2枚組のダブル・アルバムとして発表された。

まず、彼の代表曲のひとつ、ワウ・ワウ・サウンドのM16が圧巻だ。後年いろんなアーティストにカヴァーされたM3も、アタックの強いロック・ソングの名曲だ。アール・キングのカヴァーであるブルース・ロックのM7も、当然熱い。

が、カヴァーと言うなら、「見張り塔からずっと」との邦題で知られるボブ・ディランのナンバー（M15）がまず絶品だ。ディラン本人もこのヴァージョンを激賞し、ほぼ同じアレンジでライヴ演奏したこともある。ディランを敬愛していたヘンドリックスだったのだが、期せずして、彼のアレンジャーおよびヴォーカリストとしての才能が発揮されたのがこのトラックで、時代を象徴する1曲ともなった。そして、このクライマックスに至る直前、アナログならC面にあたる、フリー・ジャズや前衛音楽的アブストラクトな曲群（M10〜12）も、面白い効果を発揮している。

本作を最後に、ヘンドリックスは69年にバンドを解散。同年8月のウッドストック・フェスティヴァルでは、ロック史上屈指のスペクタクルとだれもが認める「超・絶技」で、アメリカの国歌「星条旗」を演奏した。翌70年9月18日に彼は急死する。享年27。エクスペリエンスでのデビューからわずか4年程度の活動だった。

M4: Voodoo Chile / M5: Little Miss Strange / M6: Long Hot Summer Night / M7: Come On (Let the Good Times Roll) / M8: Gypsy Eyes / M9: Burning of the Midnight Lamp / M10: Rainy Day, Dream Away / M11: 1983… (A Merman I Should Turn to Be) / M12: Moon, Turn the Tides…Gently Gently Away / M13: Still Raining, Still Dreaming / M14: House Burning Down / M15: All Along the Watchtower / M16: Voodoo Child (Slight Return)

39位

（RS 23／NME 133）：846pt

ジョン・レノン／プラスティック・オノ・バンド

ジョン・レノン（1970年／Apple／英）

John Lennon / Plastic Ono Band – **John Lennon** (1970) Apple, UK
Genre: Rock

母を失った裸の魂が、最初の叫びの場所にたどり着く

邦題は『ジョンの魂』だった。たしかに「魂」っぽい。鐘の音のあと、赤子が叫ぶような一声から始まる「マザー」（M1）で幕を開ける本作は、ジョン・レノンが裸の自分をむき出しにしたかのごとき1枚であり、彼の最初のソロ・アルバムだった。

本作の妙な原題は、同時期に発表されたオノ・ヨーコのアルバムが『Yoko Ono / Plastic Ono Band』であり、これと対になっているからだ。ジャケット写真も両者ともに同じ構図で制作されていた。ゆえに本作は、ビートルズの末期から、音楽を含む様々な活動を継続してオノとともにおこなってきたレノンが、「ひとり立ち」するために必要だった1枚、と見るのが正しい。

そしてこのように、レノンが「裸になった」姿もまた、多くの人々に影響を与えた。彼はロック界のスーパースターであり、カウンターカルチャーの最前線にて若者の視線を一身に集めていたからだ。このあとに続く、70年代初頭の米英の「シンガー・ソングライター・ブーム」と呼ぶべき一連の流れの起源のあたりに本作は位置する。まるで日本の私小説のように（ちなみに、英語文学の世界には「私小説」という概念はない）、現実の「私」をさらけ出し、虚飾を捨て、実名で訥々と「目の前の生活」について歌う――というロックやフォークの作品が一気に増えた。日本では「ニューファミリー」なんて和製英語が流行した、そんな時代だった。

と、そんな流れのなかでも、広く愛される名曲多数なのが彼らしい。M2、M5、M7、M9あたりの人気はとても高い。そしてなんと言ってもM10。「神とは僕らの苦痛を計るための観念でしかない」として、キリストも聖書もプレスリーもディランもビートルズも「僕は信じない」と歌う。そして信じるのはヨーコと自分自身であり、それが現実なんだ、と……心の独立宣言とも呼べそうなこのナンバーによって、しかし皮肉にも彼は、新しい時代のカリスマとして再臨することになる。

本作のレコーディングは、とても小規模におこなわれた。リンゴ・スターのドラムスとクラウス・フォアマンのベースを据え置きに、ビリー・プレストンと（一応プロデューサーでもあった）フィル・スペクターが1曲ずつピアノを弾いたほかは、ギター、ピアノ、オルガンをレノンが弾いて、こつこつと作り上げられていった。素朴に、そしてまるで心理療法の一環のようにして、本作は生み出された。

Tracks: M1: Mother / M2: Hold On / M3: I Found Out / M4: Working Class Hero / M5: Isolation / M6: Remember / M7: Love / M8: Well Well Well / M9: Look at Me / M10: God / M11: My Mummy's Dead

38位

ハーヴェスト

（RS 82／NME 71）‥849pt

ニール・ヤング（1972年／Reprise／米）

苦みと豊潤、ニューシネマみたいな異形のカントリー

カナダが生んだ、最も偉大なシンガー・ソングライターのひとり、ロック史の上に独立独歩の歩みを残すニール・ヤングの代表作のひとつが、4作目となるソロ・アルバムの本作だ。

彼はここでカントリー・ロックを指向した。だから、あの独特の、へろっとして一瞬頼りなさそうな高い声も、定評あるアコースティック・ギターも、「カントリーという様式」に寄り添う形となっている。そこに（こちらも定評ある）ヤングのとんがったエレクトリック・ギターのフレーズがときに突き刺さる、というのが基本構造だ。だからカントリーではあるものの、アメリカの保守性とはおよそ無縁の——というか、まったく逆の位相の——反骨精神満載の「ヤング節」が炸裂する1枚として、後年のオルタナティヴ・ロック・ファンにも人気が高い。日本で言う「アメリカン・ニューシネマ」調の西部劇をイメージすると、本作の印象にかなり近いはずだ。

Harvest – **Neil Young** (1972) Reprise, US
Genre: Country Rock

そんな指向性を象徴するのが「アラバマ事件」だ。本作のM8、そして前作に収録のナンバー「サザン・マン」は、奴隷制の時代から連綿と続く、米南部における黒人差別や搾取へのストレートな批判だった。これらの曲に対して、サザン・ロックの代表的バンド、レーナード・スキナードが反応した。「アラバマを擁護する」との目的で書かれた彼らの曲では、ニール・ヤングが名指しで非難される。その曲「スウィート・ホーム・アラバマ」（74年）は大ヒットし、そしてときに、南部連合旗とともに、反動的な白人の記号として機能する代表的な1曲ともなってしまう。

と、そんな飛び火もおこってしまうぐらい、本作はヒットした。M4がヤングのいまのところ唯一の全米1位となったし、アルバムはこの年同国で最も売れた1枚と認定された。前年にヤングが脱退した、フォーク・ロックのスーパーグループ「クロスビー、スティルス、ナッシュ&ヤング（CSN&Y）」の根強い人気もヒットの後押しとなった。

隣にきわめて派手な国（＝アメリカ）があるせいで、ときに軽視されがちなのだが、カナダは今日に至るまで数多くの優れた才能を輩出する、静かなる音楽大国（文学大国でもある）だ。その第一陣にあたる人々のなかに、ヤングがいた。60年代、バッファロー・スプリングフィールドの一員として最初に脚光を浴びた彼は、CSN&Yでのウッドストック参加を経て、この70年代に大きく飛躍していく。

Tracks: M1: Out on the Weekend / M2: Harvest / M3: A Man Needs a Maid / M4: Heart of Gold / M5: Are You Ready for the Country? / M6: Old Man / M7: There's a World / M8: Alabama / M9: The Needle and the Damage Done / M10: Words (Between the Lines of Age)

37位

（RS 58／NME 94）：850pt

ベガーズ・バンケット

ザ・ローリング・ストーンズ（1968年／Decca／英）

革命と悪魔が幕を開けた黄金時代、彼らはブルースの大河を遡上する

彼らの長いキャリアのなかでも、「黄金時代」と言えばじつはひとつしかない。それが始まった時期がここだ。名プロデューサー、ジミー・ミラーと組んだザ・ローリング・ストーンズは、初顔合わせとなったシングル「ジャンピン・ジャック・フラッシュ」（68年）が起死回生の大ヒットとなる。同じ時期に制作されたのが、イギリスでは7作目のスタジオ・アルバムとなるこの1枚だ。

逆に言うと、この時期の直前のストーンズは、かなり危険な状態にあった。67年に発表した前作アルバム、邦題を『サタニック・マジェスティーズ』とする1枚は、折からのサイケデリック・ブームに飲み込まれた愚作だとして、大いに叩かれた（「シーズ・ア・レインボウ」など、のちの人気曲も入っていたのだが）。ブルースを基盤としていたはずのバンドが本質を見失った、と揶揄された。「絶対に超えられない」ライバルであるビートルズの跡を追っている

Beggars Banquet – **The Rolling Stones** (1968) Decca, UK
Genre: Rock, Country Blues

だけではないか、とも。

そんな世評を、まず前述のシングルがふっ飛ばした。アルバムはもっとふっ飛ばした。「悪魔を憐れむ歌」との邦題で有名なM1は、アフリカン・リズムのコンガとうなるベース（キース・リチャーズが弾いた）、そして「悪魔が自己紹介している」という設定の歌詞が不穏なナンバーだ。この曲のレコーディング風景はフレンチ・ヌーヴェル・ヴァーグの旗手、ジャン＝リュック・ゴダール監督が撮影、ほぼ同時期に世界を震撼させたパリ五月革命を連想させる「革命的」映像とカットアップされて、『ワン・プラス・ワン』と題された映画となった。

そのせいか、路上の革命に参加できないバンドマンを歌ったはずのM6も、この時期まさにデモ隊の行進曲のように愛された。突如として、ストーンズは「反体制派」があこがれる、不良ロッカーの親玉のような立場となる。相次ぐドラッグ問題での政府や官憲との対立も、支持者にとっては好感度アップの材料となった。

一方、本作はストーンズがルーツに回帰した、という意味も大きい。土くさいカントリー・ブルースへの傾倒がこの時期の特徴で、M2、M3、M7が聴きものだ。

本作の仕上がりを前に、ミラーとバンド・メンバーは、お互い顔を見合わせてほくそ笑んだことだろう。ストーンズの「その後の長い長い未来」の原資となる音楽的アイデンティティは、ほぼこの1枚によって確立されたのだから。

Tracks: M1: Sympathy for the Devil / M2: No Expectations / M3: Dear Doctor / M4: Parachute Woman / M5: Jigsaw Puzzle / M6: Street Fighting Man / M7: Prodigal Son / M8: Stray Cat Blues / M9: Factory Girl / M10: Salt of the Earth

36位

スリラー

（RS20／NME131）：851pt

マイケル・ジャクソン（1982年／Epic／米）

地殻変動を誘発した「魔法」のポップが彼を王座につけた

人類史上最大の売り上げを誇るアルバムがこれだ。2017年時点で6600万枚を突破した、と見られている。もちろん発売当時も売れた。いや「売れに売れた」。米欧、日本やアジア諸国はもとより、アフリカや中東や共産圏でも、海賊盤も含めて売れた。「そこに文明があって」電気が通っているのなら、このアルバムのファンが「かならず」いた。よほどの人種差別主義者以外は、「あらゆる人種、民族、階層の人々」が、みんなマイケル・ジャクソンのことを大好きになった。幾度も歌を聴き、ファッションを真似て、そしてもちろん、あのダンスを真似ようとした……こんな巨大現象もまた、「人類初」と言っていい規模だった。

アルバムからカットされた7枚のシングル（M1、M3、M4、M5、M6、M7、M8）すべてが全米トップ10入り、84年のグラミー賞ではなんと主要8部門を受賞（！）した。14分

Thriller – **Michael Jackson** (1982) Epic, US
Genre: Pop, Post-Disco, Funk, Rock

におよぶタイトル曲のMVは音楽と映像の関係を変え、今日にまで続く不滅のゾンビ人気の基盤を作り、さらには、MTVにおける「人種バリア」をほぼ完全に、木っ端微塵にまで粉砕した。

つまり本作が「ポップ音楽の未来」を形づくった。「今日」我々がごく普通に日々目にしている状況、米英の最新流行のポップ音楽の「メインストリーム」は、ヒップホップかR&B、もしくはダンス音楽の影響下にあるもので、白人ではなく、黒人音楽家が牽引しているのが「当たり前」――これはすべて、ジャクソンが「あまりにもかっこいいから」起きたことだ。このアルバムが「あまりにも楽しい」から、起きたことなのだ。嘘みたいな話だが本当に、彼たったひとりがこの偉業を成し遂げたのだ。まるで海を割ってユダヤの民を導いたモーゼみたいな、神々しきジャクソンの両肩には、いつの間にか「キング・オブ・ポップ」との称号が、輝いていた。

どの曲もきわめてよく出来ているのだが、僕が1曲挙げるなら「ビリー・ジーン」（M6）だ。モータウン25周年のショウにて、この曲を歌いながら彼はムーンウォークを史上初公開した。前作『オフ・ザ・ウォール』（78位、79年）に続き、クインシー・ジョーンズを共同プロデューサーに迎えて本作は制作された。前作にあったのが「奇跡」ならば、まぎれもなくここには「魔法」がある。

Tracks: M1: Wanna Be Startin' Somethin' / M2: Baby Be Mine / M3: The Girl Is Mine / M4: Thriller / M5: Beat It / M6: Billie Jean / M7: Human Nature / M8: P.Y.T. (Pretty Young Thing) / M9: The Lady in My Life

35位

ライヴ・アット・ジ・アポロ

（RS 25／NME 125）：852 pt

ジェームス・ブラウン（1963年／King／米）

大統領の「ファンク前」、蒼き叫びがハーレムの夜にこだました

彼の初めてのライヴ・アルバムが本作だ。「とてつもない」情熱が燃え盛り、情念がほとばしる、まさに「ゴッドファーザー・オブ・ソウル」の異名どおりの、ジェームス・ブラウンのすさまじいパフォーマンスが、これでもかと盛り込まれた1枚だ。

なかでも圧巻は、M7のメドレーだ。頭とお尻を「プリーズ、プリーズ、プリーズ」で挟んだ、後年のライヴでもお馴染みのこの構成は「ダイナマイト！」と言うしかない。このアルバムの大ヒットにて、ブラウンは「ソウルの天下」を獲った。

本作に収録されているのは、ニューヨークはハーレムのアポロ・シアターでのステージだ。収録は、なんとブラウンの「自費で」おこなわれた。なぜならば、所属レーベルであるキングが、ライヴ盤の制作に難色を示したからだ（旧曲ばかりのライヴ盤は売れない、と彼らは言った）。しかも、この当時のブラウンのキャリアは（いまとなっては、信じがたいことだが）か

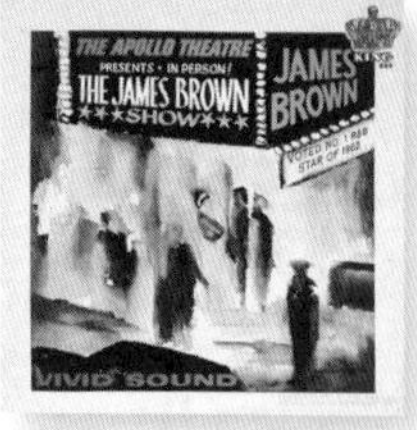

Live at the Apollo – **James Brown** (1963) King, US
Genre: Soul

なり行き詰まっていた。

前出の「プリーズ、プリーズ、プリーズ」（56年）は彼のデビュー曲であり、ヒット・シングルでもあった。しかしそのあとが続かず、このころは、ジリ貧と言っていい状態にまで追い込まれていた。そこでブラウンの天才性が（別名、野性のカンが）発動した。「ライヴならば、俺は負けない！」と、彼は確信していたからだ。その確信が正しかったことは、M2が鳴り出した瞬間にわかる。

この時期のブラウンは、コーラス&ダンス・グループのザ・フェイマス・フレイムズを率いていた。その模様は今日、映像でも確認できる。『T.A.M.I.ショウ』（64年）や『スキー・パーティー』（65年）などの、極細パンツを穿き、まるで重力がないみたいに「滑るようにステップを踏む「あのJB」がここにいるわけだ。幼き日のマイケル・ジャクソンが、食い入るように見つめた「あのJB」のことを僕は言っている。ムーンウォークほか、彼のパフォーマンスの至るところにブラウンの巨大な影響があることは、ジャクソン自身がよく語っていた。

意外なところでは、ストゥージズと並ぶ「パンクの祖父」系ガレージ・バンド、MC5のウェイン・クレイマーがJBの大ファンで、自分たちのライヴ前にはLSDを決めながら本作をよく聴いていたそうだ。だからファンクだけでなく、パンクですら「JBがいたから」生まれたのかもしれない。

Tracks: M1: Introduction to James Brown and The Famous Flames (by Fats Gonder) / M2: I'll Go Crazy / M3: Try Me / M4: Think / M5: I Don't Mind / M6: Lost Someone / M7: Medley: Please, Please, Please / You've Got the Power / I Found Someone / Why Do You Do Me / I Want You So Bad / I Love You, Yes I Do / Strange Things Happen / Bewildered / Please, Please, Please / M8: Night Train

34位

（RS 81／NME 61）：860pt

ザ・クラッシュ

ザ・クラッシュ（1977年／CBS／英）

燃えさかるロンドンの只中に、パンクの義士が蜂起した

ロンドンでパンク・ロックの大爆発が起きた1977年にリリースされた、ザ・クラッシュのデビュー作がこれだ。パンクの「心・技・体」の「心」の部分を、セックス・ピストルズとともに彼らは担った。

本作の邦題は『白い暴動』だった。M4の邦題をタイトルとした。この曲はラモーンズ（パンクの「体」を代表する）直系の2コード・ナンバーなのだが、こうした系統の曲だけではなく、早くも彼らオリジナルの豊かな音楽性も本作で見てとれる。オールドR&Rを適切に蘇生させたかのような、キャッチーなナンバーが半数ほどを占める。レゲエ歌手ジュニア・マーヴィンのヒット曲カヴァーのM12もある。レゲエ・ファンのあいだには、こんな見解がむかしから根強い。「クラッシュは最も有名な白人レゲエ・バンドだ。ラスタの予言（Two Sevens Clash）に基づいて行動している」――本作においてパンク・ロックは、支配者と対峙する

The Clash – The Clash (1977) CBS, UK
Genre: Punk Rock, Reggae

「永遠の抵抗者の音楽」となった。

　ところで本作は、イギリス盤と同時には、アメリカ盤は発売されなかった。当時の米CBSからは「売れない」と踏まれたからだ。結局、本作のUS盤はセカンド・アルバム発表後の79年にようやく発売される。しかし収録曲はかなり違っていて、UK盤から5曲を抜いて、シングル曲などを新たに6曲追加した内容だった（M4のみヴァージョン違いが収録された）。「そうせざるを得なかった」からだ。アメリカのクラッシュ・ファンに買ってもらうためには。

　本作は「輸入盤でしか聴けない」段階で、米国内で10万枚以上が売れていた。同国の、当時の「輸入盤事情」を知る人ならば、これがいかに驚異的な数字だったか理解できるはずだ。つまり、頭の固い米CBS幹部を揺り動かすほど、クラッシュはアメリカで草の根的な支持を得た、ということだ。ゆえにここでは、UK盤とUS盤の両者を「ひとつの同じアルバム」と見なして集計した。ちなみに、クレジット欄に記載されている曲目などの情報はすべて、オリジナルUK盤に準拠している。

　クラッシュが提示したのは「ヒーローの心」だ。これがリスナーの魂を打った。社会的公正さを求める主張や問題提起、「逃げずに闘う」精神性をパンク・ロックに持ち込んだ第一人者が彼らだった。しかもそれを「燃えるしかない」ロックの歌詞として。ここから燎原《りょうげん》の火のように「パンク革命」は広がっていく。

Tracks: M1: Janie Jones / M2: Remote Control / M3: I'm So Bored with the USA / M4: White Riot / M5: Hate and War / M6: What's My Name / M7: Deny / M8: London's Burning / M9: Career Opportunities / M10: Cheat / M11: Protex Blue / M12: Police & Thieves / M13: 48 Hours / M14: Garageland

33位

ダスティ・イン・メンフィス

（RS 89／NME 50）：863 pt

ダスティ・スプリングフィールド（1969年／Atlantic／米）

アトランティックをクロッシングした名花の名唱ソウル

あの「サン・オブ・ア・プリーチャー・マン」（M3）が入っているアルバムが本作だ。タランティーノ監督の『パルプ・フィクション』（94年）ほか、幾多の映画やTV番組などに使用され、幾多の歌手にカヴァーされたあのソウル・クラシック・ナンバーの初出は、彼女の歌だった。60年代のイギリスが生んだ至宝であるシンガー、ダスティ・スプリングフィールドの名唱だった。

彼女にとって5作目となる本作は、初の本格的「ソウル」アルバムとなった。大西洋を越え、メンフィスやニューヨークで録音がおこなわれた。デビュー当初よりソウル音楽好きとして知られたスプリングフィールドは、ここでついに、米ソウル・シンガーの女王、アレサ・フランクリンが所属するアトランティック・レコードと契約。同社の常用スタジオであるメンフィスのアメリカン・サウンド・スタジオにて、「名うての」スタジオ音楽家たちのバックアップを

Dusty in Memphis – **Dusty Springfield** (1969) Atlantic, US
Genre: Soul, R&B, Pop

得て、本作に挑んだ。

ソングライター陣も豪華のひとことだ。お馴染み〈バカラック＝デイヴィッド〉のM9、ランディ・ニューマンのM4、M7、そして〈ゴフィン＝キング〉の手によるナンバーは4曲もある（M2、M5、M10、M11）。それから言うまでもなく、前出のM3。これはそもそも、フランクリンのために書き下ろされた曲だったのだが、彼女に却下され、お蔵入りしていたものだった。スプリングフィールドによって発掘され、歌われたこのナンバーは、アルバムの先行シングルとして米英でスマッシュ・ヒットを記録。のちにフランクリンがカヴァーすることになる。

が、本作そのものの商業的成績は当時振るわなかった。おそらくは「本格的」すぎたのだろう。しかしときが経てば経つほど、本作への評価は高まっていく。バカラックいわく「3ノーツ（音符を3つ）聴くだけで、それがダスティの声だってわかる」、それほどの個性が彼女にはあった。かすかにハスキーな、つまりスモーキー、情感豊かなディープ・ヴォイスが彼女の声質だ。この声がよく伸びる。現在のイギリス最強の女性シンガーと比較して、彼女を「元祖アデル」と評する意見もある。だがアデルにはない、隠し味のような甘さ、せつなさ（つまり、ビター・スウィートの感覚）がスプリングフィールドの声にはある。その彼女が、能力を全開にして「大好きだったソウル」に挑んだ、一世一代の力作がこれだ。

Tracks: M1: Just a Little Lovin' / M2: So Much Love / M3: Son of a Preacher Man / M4: I Don't Want to Hear It Anymore / M5: Don't Forget About Me / M6: Breakfast in Bed / M7: Just One Smile / M8: The Windmills of Your Mind / M9: In the Land of Make Believe / M10: No Easy Way Down / M11: I Can't Make It Alone

32位

（RS 74／NME 56）：872pt

アフター・ザ・ゴールドラッシュ

ニール・ヤング（1970年／Reprise／米）

黄金狂時代の痕跡を、谷あいの里の尾根から眺める

38位で紹介した『ハーヴェスト』（72年）の1枚前になる、彼の3作目のソロ・アルバムがこれだ。同作の大成功の下地を整えたのがこちらだった。そしていまもって、彼の最高傑作と言えば、まずこの1枚を挙げる声は多い。

また本作は、「この時代」の様相を色濃く反映した1枚でもあった。カウンターカルチャーの時代は、60年代の終焉とともに幕を閉じる。大いなる喪失感とともに、「地に足をつけた」戦いが始まったのが70年代の初頭だ。いつ終わるともわからない、長い長い戦い——その果てに傷つき倒れ、床に伏す自分自身を幻視したかのような1曲がタイトル・チューン（M2）だ。「永続的な敗北」のなかに棲み続ける主人公を描写しながらも、しかし決定的に「美しい」このナンバーの迫力は、１９７０年の精神を永遠のものとした。

そんな、まるでザ・フーのあのナンバー、邦題「無法の世界」にも匹敵するような曲を、ほ

After the Gold Rush – **Neil Young** (1970) Reprise, US
Genre: Folk Rock, Country Rock

とんどピアノの弾き語り（ちょっとだけフレンチ・ホルンが入る）で表現できてしまったのが、このときのヤングだった。乗りに乗っていた。

彼のエレクトリック・ギターが炸裂するM4、M9を2つのピークとして、それ以外の楽曲は、基本的にアコースティック・ギターやピアノをベースにした、シンプルなアレンジで構成されていた。これらを彼は、ロサンゼルス郊外のトパンガ・キャニオンにある自宅地下室の簡易スタジオにて、親しい仲間だけを呼んで録音した。芸術家が多く住むこのエリアと合わせて、「ローレル」キャニオン地区にも大挙して若い音楽家が移住し始めていた。「郊外の自宅から」手弁当で、仲間とともに着実に「理想」を発信する、そんな時代が幕を開けようとしていた。

リリースの時点では、アルバムはあまり批評家受けしなかった。後年、名盤との地位を確かなものとした。商業的な面では、ヤング初のトップ40ヒット・シングルがここから生まれた。M3がそれで、数多くのカヴァーがあるのだが、なかでも特筆すべきは、90年にイギリスのポップ・ユニット、セイント・エチエンヌのデビュー・ヒットとなったヴァージョンだ。ベッドルームで2時間で録った、というこのトラックは、ハウスとグラウンド・ビートの中間のような仕上がりで、やはりひっそりと、この時代の孤独感を表すことに成功していた。

Tracks: M1: Tell Me Why / M2: After the Gold Rush / M3: Only Love Can Break Your Heart / M4: Southern Man / M5: Till the Morning Comes / M6: Oh, Lonesome Me / M7: Don't Let It Bring You Down / M8: Birds / M9: When You Dance I Can Really Love / M10: I Believe in You / M11: Cripple Creek Ferry

31位

（RS 45／NME 83）：874 pt

ザ・バンド（ザ・ブラウン・アルバム）

ザ・バンド（1969年／Capitol／米）

アメリカーナ紀元前、ルーツの良心を綴ったオールド・タイミー夢舞台

彼らの第2作であるこのアルバムは、ロックの、いや「北米の地にある音楽の」その良心面の守護者が本領を発揮した1枚として、高い評価を得た。

良心とは、なにか。ときにそれは「世間の多数に押し流されない」ことを意味する。反体制一色だった時代の片隅に、カウンターカルチャーの外側に立つロック音楽家もいた。その一部は、ルーツ・ロックと呼ばれる音楽性を指向した。ザ・バンドこそが、その急先鋒だった。

その堂々たる佇まいは、彼らの代表曲のひとつ、M3を聴けばわかる。演奏は巧みにして、決して「テクニック至上主義」ではない。人肌の温度感がある「オールド・タイムの音楽」の魅力にあふれている。このレイドバックした感覚が、のちに「アメリカーナ」と呼ばれるジャンルの醸造に大きく寄与していくことになる。

当時のロックの趨勢は、サイケデリック・ロックであり、ハード・ロックであり、実験音楽

The Band (The Brown Album) – **The Band** (1969) Capitol, US
Genre: Roots Rock, Folk Rock, Country Rock, Americana

もあるし、ニューヨークではヴェルヴェット・アンダーグラウンドが暗躍している――という状況だった。だからザ・バンドは「まったく違う」時間軸のなかにいるみたいだった。とはいえ、保守反動的だったわけではない。なぜならば、彼らのこうした方法論は、たとえばボブ・ディランと同期したものでもあったからだ。

64年より、彼らはディランのライヴでバッキングを担当した。エレクトリック・ギターを持ったディランが旧来のファンから叩かれた、あの時期だ。ほどなくしてディランは、カントリー音楽の世界へと向かう。一部のファンはさらに怒った。しかしそもそもディランは、そのデビュー時ですら「フォーク・リヴァイヴァル」の人だった。つまり、つねに「大勢に逆らいながら」、自らの手で新しい時代を切り開こうとする人だった。そんな彼の一時期の僚友が、ザ・バンドだったというわけだ。

本作は、ディランとともにおこなった、伝説の「ビッグ・ピンク」セッションを環境的に再現するため、ハリウッド・ヒルズの豪邸が借り上げられ、そこで録音がおこなわれた。かつてはジュディ・ガーランドも住んでいたその屋敷の、当時の所有者はサミー・デイヴィス・ジュニアだったという。カナダ出身（ドラムス&ヴォーカルのリヴォン・ヘルムのみアメリカ人）の彼らが、夢見心地の環境のなかで生み落とした、土臭くもなつかしい、しかし「どこにもない」風景が詰まった1枚だ。

Tracks: M1: Across the Great Divide / M2: Rag Mama Rag / M3: The Night They Drove Old Dixie Down / M4: When You Awake / M5: Up on Cripple Creek / M6: Whispering Pines / M7: Jemima Surrender / M8: Rockin' Chair / M9: Look Out Cleveland / M10: Jawbone / M11: The Unfaithful Servant / M12: King Harvest (Has Surely Come)

30位

（RS 64／NME 55）：883pt

スティッキー・フィンガーズ

ザ・ローリング・ストーンズ（1971年／Rolling Stones／英）

死神さまよう荒野を駆け抜ける、野生の奔馬のように

ザ・ローリング・ストーンズの「黄金時代」のなかでも、屈指の人気作がこれだ。狙いがはっきりして、鮮烈で、磨き抜かれた、切れ味の光る楽曲ばかりが並ぶ。イギリス盤として通算9枚目のスタジオ・アルバムである本作は、そんな1枚だ。

録音が本格的にスタートしたのは69年12月、米アラバマ州の名門、マッスル・ショールズ・サウンド・スタジオからだった。プロデュースは『ベガーズ・バンケット』（37位、68年）以来付きっきりのジミー・ミラー。彼らの代表曲のひとつとなるM1、それからM6のようなロック、M2、M4のようなブルース・ロックもいい。ストレートなブルースならM5とM7だ。そしてなによりも、カントリーだ。爽やかなM9もいいが、やはりM3「ワイルド・ホース」。この美しさは、特別だ。

カントリー・ロックの貴公子としてシーンに登場したグラム・パーソンズの協力のもと、

Sticky Fingers – **The Rolling Stones** (1971) Rolling Stones, UK
Genre: Rock, Country Rock, Blues Rock

「ワイルド・ホーセス」は完成した。キース・リチャーズと彼のあいだには友情があった。パーソンズは、ザ・バーズがフォーク・ロックからカントリー・ロックへと変化したときの立役者でもあった。このころの彼は、才能あるシンガー・ソングライター、ギタリストという立場を超えたカリスマとして、突如「土臭い音楽」を指向し始めた60年代生き残り組ロッカーたちの「頼れる指南役」と化していた。その最も画期的な成果のひとつが、のちにカントリー・ロック界の定番曲となるほどまでに本格的だった「ワイルド・ホーセス」の成功だった。

本作発表の2年後の73年、薬物の過剰摂取により、26歳の若さでパーソンズは急逝する。忌まわしい話はまだある。前述の最初のセッション終了の2日後、カリフォルニアでストーンズが主催したフリー・コンサートにて、観客の青年がライヴ中に警備のヘルズ・エンジェルスに刺し殺される「オルタモントの悲劇」が起きる。そのあともツアーと制作を交互にこなしながら、アルバムは完成へと向かっていった。

本作は2代目ギタリストであるミック・テイラーが初めて全面参加した1枚となった。また、バンドが設立したレーベルからリリースした初のアルバムでもあった。スリーヴ・デザインはポップ・アート界のスーパースター、アンディ・ウォーホルが初めて彼らと組んだ。ジーンズの股間に本物のジッパーを埋め込んだ特殊仕様となっていた。英米ともに彼らのセールス記録を更新する大ヒットとなった。

Tracks: M1: Brown Sugar / M2: Sway / M3: Wild Horses / M4: Can't You Hear Me Knocking / M5: You Gotta Move / M6: Bitch / M7: I Got the Blues / M8: Sister Morphine / M9: Dead Flowers / M10: Moonlight Mile

29位

タペストリー

（RS36／NME82）：884pt

キャロル・キング（1971年／Ode／米）

仲間たちのキャニオンに響きわたる、彼女と名曲のつづれ織り

彼女の名を知らずとも、曲名がわからずとも、一聴すれば「ああ、あれか」と認識できるナンバーが、あなたにもあるはずだ。それほどの伝播力を持つ、名曲中の名曲と言うしかないナンバーが「これでもか」と詰め込まれたアルバムが、本作だ。

シンガー・ソングライターとしてのキャロル・キング、2枚目のアルバムが本作だ。すでに彼女は職業作曲家として大成功していた。夫で作詞家のジェリー・ゴフィンと組んだ〈ゴフィン＝キング〉印は、ニューヨークは「ブリル・ビルディング」発のソングライター・チーム最強コンビのひとつとして、60年代に膨大なヒット曲を生んでいた。他者が歌うレコードの。

そんなキングが、自ら歌うソロ・アーティストとして世に放った超特大のヒットが本作だ。全米1位を15週連続、その後306週にわたってチャート・イン。72年のグラミー賞では主要4部門を制覇。だから当然「千万枚クラブ」入りして、今日までに2500万枚売れたと見な

Tapestry – **Carole King** (1971) Ode, US
Genre: Pop, Rock, Folk

されている。優秀な作曲家であるだけではなく、詞も書けるし、なにより彼女の歌声のしなやかな強靭さ、真っ直ぐな「その佇まい」が、新しい時代の自立した女性の理想像と合致して――もう大変なことになった。

がっちりしたロックのM1もいいが、M3は普通、聴けば泣くだろう。邦題「きみの友達」のM7も涙腺直撃だ。つらいときは私を思い出して、と歌われる。「ただ私の名を呼ぶだけでいい。どこにいても駆けつけるから／冬でも春でも夏でも秋でも、呼んでくれさえすれば」と歌うこの曲は、ご近所の友人でもあるジェームス・テイラーによるカヴァーが、本作とほぼ同時に全米1位を獲った（そのほか、無数にカヴァーされた）。

そしてなんと言っても、M12だ。キングの、いや70年代以降の多くの女性にとっての、ある意味テーマ・ソングとなったと言えるのがこのナンバーだ。これは彼女がアレサ・フランクリンに提供したヒット曲のセルフ・カヴァーだった。

本作のジャケット写真は、ロサンゼルス郊外のローレル・キャニオンにあるキングの自宅で撮影された。彼女の「ナチュラルな」感じ、この髪形とジーンズに裸足、それから猫も、人気を呼んだ。こうしたライフスタイルに世界の多くの人々があこがれた。そして実際、「キャニオン系」からはつねに新しい音楽が、たとえばイーグルスの超特大ヒットなども、このすこしあとに生まれた。

Tracks: M1: I Feel the Earth Move / M2: So Far Away / M3: It's Too Late / M4: Home Again / M5: Beautiful / M6: Way Over Yonder / M7: You've Got a Friend / M8: Where You Lead / M9: Will You Love Me Tomorrow? / M10: Smackwater Jack / M11: Tapestry / M12: (You Make Me Feel Like) A Natural Woman

28位

ハンキー・ドリー

（RS108／NME3）：891pt

デヴィッド・ボウイ（1971年／RCA／米）

グラム直前、素顔のままで真っ直ぐに「異端派」宣言をする

〈NME〉では3位、デヴィッド・ボウイの全アルバムのなかで最上位にランクされているにもかかわらず、〈ローリング・ストーン〉のせいでこんな順位だ！　彼の4枚目のスタジオ・アルバムは、（僕も含む）多くの人々が、悩みに悩んだあげく「これが彼の最高傑作かもしれない」と選ぶことになる、そんな1枚だ。

とはいえ、一見派手さは少ない。まだ「グラム前」であり、例の仮面劇的なシステムは発動していない（まあすでに、ジャケット写真ではマレーネ・ディートリッヒの真似をしているし、スリーヴでは「The Actor」とは名乗っているのだが……）。

本作のボウイは、たとえば、楽屋で化粧台の前にいる俳優のような状態だった、と言えるかもしれない。「素顔のままで」未来の自分が演じることになるだろう思想や美意識を素描してみた……そんな、なんともみずみずしい輝きに満ちた楽曲が並ぶ。

Hunky Dory – **David Bowie** (1971) RCA, US
Genre: Rock, Art Pop

彼のテーマ・ソングとも言えるM1に象徴されるような、ピアノの弾き語りを発展させた感じの名曲が目立つ。M2はSF怪奇小説のような描写で、新生児を称揚する（「パパやママを困らせたって構わない／きみは人類以上〈Homo Superior〉になる道を作るんだから！」）。

しかしこの傾向の極点は、なんと言っても、M4「ライフ・オン・マーズ？」だ。ボウイのベスト・ソングと呼ばれることも多い1曲だ。この曲は、孤独でぱっとしない少女が見飽きた映画を見ている、そんな情景を歌う。ただそれだけのストーリーが、驚異の筆さばきで世紀の名曲へと昇華させられていく。ゴージャスなストリングスとともに、大宇宙に解き放たれる……2016年度ブリット・アワードでのボウイ追悼パフォーマンスはすさまじいステージだったが、このとき弱冠19歳の女性歌手ロードによって演じられたのも、この曲だった。

孤立する者、日陰者、隠れて暮らすミュータントのような者……こうした存在の、なかでも「少年少女たち」へのエールに、本作は満ちている。「僕も同じなんだ」と彼は言っている。これがボウイの「基本的なスタンス」となり、それは終生一度も微動だにしなかった。ペルソナは変転しても、彼の「この部分」は不変だった。

M10のエッジの立ったロックンロールが、ボウイのこの直後の大跳躍を予言している。「火星から来た蜘蛛群」と名乗ることになるバンドの顔ぶれは、すでに本作にて集結していた。ジギー登場の、まさに前夜がここにある。

Tracks: M1: Changes / M2: Oh! You Pretty Things / M3: Eight Line Poem / M4: Life on Mars? / M5: Kooks / M6: Quicksand / M7: Fill Your Heart / M8: Andy Warhol / M9: Song for Bob Dylan / M10: Queen Bitch / M11: The Bewlay Brothers

27位

ブリンギング・イット・オール・バック・ホーム

（RS 31／NME 73）：898pt

ボブ・ディラン（1965年／Columbia／米）

地下室のジョニーが船酔いの水夫と、ジングル・ジャングルの朝に

ボブ・ディランが初めて「エレクトリック（電気楽器を使う）」バンドをバックに歌ったアルバムがこれだ。60年代後半に大きく盛り上がった「フォーク・ロック」という音楽スタイルは「ここから本格化した」と言われる。初の全米トップ10入り、全英1位を記録した、彼の5枚目のスタジオ・アルバムが本作だ。

とはいえ、彼のこの「転向」は、当時、幾度も幾度も非難された。おもに潔癖性的なフォーク・ソング・ファンが「ディランは不純になった」と見なした。電気楽器は不純だからだ。かつての、すでに終わった文化である、50年代の「ロックンロール」で使われていたのが電気楽器だったから……だがしかし、時代は動いていた。

64年の8月、ディランは初めてビートルズの面々と顔を合わせる。即座に化学反応が起きて、ビートルズ側はレノンが大変貌。そしてディランは、より「エレクトリック指向」が強まった、

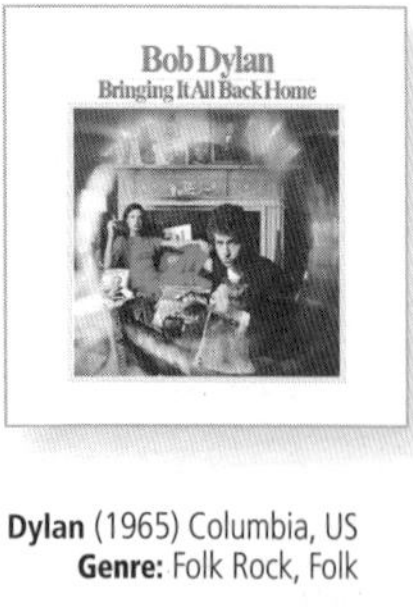

Bringing It All Back Home – **Bob Dylan** (1965) Columbia, US
Genre: Folk Rock, Folk

と言われる。つまり「終わった文化」どころか、まさにここから、この両者が「まったく新しいロック」を創成していくことになる。

　本作の、アナログ盤ならA面にあたるM7までが「エレクトリック」なディランだ。B面が弾き語りをベースとしたアレンジだった。軍配は——難しいところだが、鬼気迫るM11の熱演ゆえ、ここでは「まだ」アコースティック編のほうが上、だったかもしれない。またザ・バーズのカヴァーが全米1位となった、つまり「フォーク・ロックの時代」を世界に宣布したM8も、ここでは弾き語りで収録されている。

　とはいえ、M1のグルーヴも、すごい。速射砲のようにシュールな言葉群が叩き出され、バッキングのリズムと噛み合って、ぐいぐいと「進んでいく」この感じは、たとえば今日で言えば、エド・シーランあたりの曲づくりの始祖と言うべきものだ。「言葉」のリズム、そして韻こそが真の「グルーヴ」を生む。どの言葉も、フレーズも、最短距離で耳に飛び込んで来る。英語が理解できる人であれば、この歌がいかに「とんでもない」ものか、一瞬でわかるはずだ。M3も大人気曲だ。「新しい翼」を得たディランが、乗りまくっていることが伝わってくる。

　ここを起点として、翌66年にかけて、彼は名作を連打していく。ディランが踏み出す新たな一歩が、そのままロックと社会全体に大きな波紋を広げていく、という「奇跡の季節」が、ここから始まる。

Tracks: M1: Subterranean Homesick Blues / M2: She Belongs to Me / M3: Maggie's Farm / M4: Love Minus Zero/No Limit / M5: Outlaw Blues / M6: On the Road Again / M7: Bob Dylan's 115th Dream / M8: Mr. Tambourine Man / M9: Gates of Eden / M10: It's Alright, Ma (I'm Only Bleeding) / M11: It's All Over Now, Baby Blue

26位

（RS18／NME85）：899pt

ボーン・トゥ・ラン

ブルース・スプリングスティーン（1975年／Columbia／米）

だって俺らみたいなろくでなしは、ベイビー、生まれながらのかっ飛び野郎だから

もし明日宇宙人が地球にやって来て「ロックンロールとはどんなものか？」とあなたに聞いたならば、エルヴィス・プレスリーのデビュー・アルバム（56年）と、本作のタイトル曲を聴かせればいい。これがわからなければ、ロックはわからない。

「明日なき暴走」との邦題を与えられたこのナンバーは、たとえばコンサートでは、冒頭2秒のドラムロールの瞬間に観客の涙腺が決壊する。続く、分厚いサキソフォンにバッキングされたギター・リフ、ここで雄叫びだ。でかいでかい、鳴り止まぬ地響きみたいな大音声と、「ボス」のファースト・バースが正面衝突する……。

本作は、ブルース・スプリングスティーンの一大出世作にして、70年代後半以降のアメリカン・ロック、そのメインストリームの方向性を決定づけた、まさに金字塔と呼ぶべき1枚だ。ここまでのスプリングスティーンは、レコードが売れなかった。ボブ・ディランの系譜を継ぐ

Born to Run – **Bruce Springsteen** (1975) Columbia, US
Genre: Rock

都会の詩人（という見方も、間違ってはいないのだが）として売り出されたために、デビュー作以来、どうもレコードでは本領を発揮できない、そんなきらいがあった。その逆に、盟友のEストリート・バンドを従えて繰り広げられる、灼熱のステージの評判は、年々高まるばかりだった。

そんな彼が、「ついに」ライヴの強みをレコーディング・スタジオで再現することに成功し始めたのが、通算3枚目のアルバムとなる本作だった。邦題で並べてみよう。「涙のサンダーロード」「凍てついた十番街」「夜に叫ぶ」「裏通り」――ここまでが、アナログ盤のA面だ。そしてあなたは、LPを裏返す。針を落とす。そしてドラムロール、「明日なき暴走」だ！「彼女でなけりゃ」「ミーティング・アクロス・ザ・リバー」、そして「ジャングルランド」も入っている……本作は、スプリングスティーン初の全米トップ10入り、最高位3位を記録した。

スプリングスティーンが指向した方向性の、ほとんどのところが本作では見事に成果を出していた。たとえばそれは、50年代のエルヴィスのマンブリング（口のなかでもぐもぐ言うような歌いかた）、ロイ・オービソンの朗々と伸びる声、60年代以降のフィル・スペクターの「音の壁」、デュアン・エディの甘くもワルいギター・サウンド、そして「ディランが具象派の短篇小説家になったような」詞の世界――これらをすべて併せ持った、きらめくようなロックンロールだった。

Tracks: M1: Thunder Road / M2: Tenth Avenue Freeze-Out / M3: Night / M4: Backstreets / M5: Born to Run / M6: She's the One / M7: Meeting Across the River / M8: Jungleland

25位

（RS30／NME63）：909pt

ブルー

ジョニ・ミッチェル（1971年／Reprise／米）

永遠のセンシティヴがあの青のなかに沈む

ソングライターとして、シンガーとして、個性的なギターの名手として、そのほかいろいろ（絵もうまい。自画像をカヴァー・アートによく使う）、とにもかくにも「突出した才能の塊」として世を騒がせていたジョニ・ミッチェルの第4作がこれだ。ローレル・キャニオンという芸術家村に住まう「妖精の女王」が彼女だった。

ニール・ヤングのほぼ同期生としてカナダからあらわれたミッチェルは、順調なキャリアを積んでいた。とくに70年発表の前作『レディース・オブ・ザ・キャニオン』は評判となった。あのフェスを総括するように歌った「ウッドストック」もヒットした。映画『いちご白書』（70年）のテーマ曲「ザ・サークル・ゲーム」のセルフ・カヴァーも収録、言うなれば「時代の映し鏡」とも言える成功作だった。

ところが、本作はその数段上を行った。小鳥がさえずりながら空を舞うような、自由闊達な

Blue – **Joni Mitchell** (1971) Reprise, US
Genre: Folk

メロディー・ライン。それを支える、本人いわく「ジョニのキモコード（weird chords）」（彼女は50種類にわたるオープン・チューニング・ギターを使い分けていた）。これらが相俟って、まるでジャズのアドリブ器楽奏のように「言葉」が羽ばたき、宙を踊るのだ。本作はリリースの瞬間から批評家の絶賛を集めた。

傑作が生まれた背景には、「キャニオン」内部の入り組んだ人間関係の影響もあった、という。本作制作中のミッチェルは、ジェームス・テイラーとの困難な恋愛関係に終止符を打つのだが、それは彼のシングルが全米1位を記録したころでもあった。キャロル・キング「きみの友達」のカヴァーだった。こんな一連の体験が、本作収録曲の多くには反映されている。

たとえば「リヴァー」（M8）は、愛の喪失とクリスマスの情景が重ね合わされた1曲だ。寂寥《せきりよう》感を真空パックしたようなこの名曲は、幾度カヴァーされたことか。記憶に新しいところでは、イギリスのシンガー、コリーヌ・ベイリー・レイの名唱がある。これはジャズ・キーボードの巨匠、ハービー・ハンコックがミッチェル曲のカヴァーだけでまるごと1枚作ったアルバム『リヴァー：ザ・ジョニ・レターズ』（07年）収録の1曲だった。ミッチェル本人も参加したこの1枚は、08年度グラミー賞のアルバム・オブ・ザ・イヤーを獲得。ジャズ・アルバムが同賞を受賞するのは、なんとあのボサノヴァの名盤『ゲッツ／ジルベルト』（65年）以来、史上二度目の快挙でもあった。

Tracks: M1: All I Want / M2: My Old Man / M3: Little Green / M4: Carey / M5: Blue / M6: California / M7: This Flight Tonight / M8: River / M9: A Case of You / M10: The Last Time I Saw Richard

24位

（RS 12／NME 79）：911pt

カインド・オブ・ブルー

マイルス・デイヴィス（1959年／Columbia／米）

「ブルーな感じ」のジャイアントなマスターピース

25位からの「ブルーつながり」というわけではないのだが、こちらもかなり有名な「ブルー」の1枚、しかもジャズ界の最高峰に君臨する「ブルー」だ。60位のジョン・コルトレーン『ア・ラヴ・スプリーム』（65年）以降初めて、当ランキングで取り上げることになるジャズ・アルバムである本作は、「帝王」の異名を持つジャズ・トランペットの鬼才、マイルス・デイヴィスの傑作だ。

ロック・ファンのあいだでは、そもそも彼の人気は高い。まず人間がロックだからだ。目つきや顔に気合いが入っていて、突っ走る感じがかっこいいからだ。トランペットという楽器もいい。吹いている姿が、まるでギタリストのようにクールに見える。そう、邦題を『クールの誕生』とした彼の57年の編集盤は、90年代にロンドンのアシッド・ジャズ連中が『Rebirth of Cool』なるコンピレーション・シリーズを出すときのイメージの大元ともなった。エレクト

Kind of Blue – **Miles Davis** (1959) Columbia, US
Genre: Modal Jazz

リック期の『ビッチェズ・ブリュー』（70年）はもちろん大人気で、「ロック・ファンが最初に聴くジャズ」の最上位にあるのが彼の諸作品だ。そして一番人気が、もちろん本作だ。

本作にてデイヴィスは「モーダル・ジャズ」を確立した、と言われる。彼はいわゆる教会旋法、機能和声が支配的になる以前の、16世紀以前の音楽理論にもとづいた旋法（モード）を研究した。「コードから自由になる」ためだ。従来のモダン・ジャズ、つまりビバップもハード・バップも、いかにその演奏のなかにアドリブがあったとしても、和声の縛りのもとで得られる自由には、かなり大幅な制限があった。つまり、自由度が足りなかった。そこで彼はこう考えた。「ならば、それ以前の時代からある」無調とも言えるスケールを、新たな秩序の基盤としたらどうか、と。そして「モードに寄り添う」ことで、「コードに従う」よりも、格段に増した自由な空間のなかを縦横に走り抜けることを可能とする。ここでジャズは一気に「進化」する。これが「モーダル・ジャズ（日本ではモード・ジャズとも言う）」の成立だった。

言い換えると、ロック・ファンが想像するジャズの典型（モダン・ジャズ以降、エレクトリックやフリー・ジャズ以前の典型）が、本作そのものだ。ポール・チェンバース、ジミー・コブのリズム隊を据え置きに、キャノンボール・アダレイ、ビル・エヴァンス、ウィントン・ケリー、そしてコルトレーンも本作に参加している。

Tracks: M1: So What / M2: Freddie Freeloader / M3: Blue in Green / M4: All Blues / M5: Flamenco Sketches

23位

（RS 1／NME 87）：914pt

サージェント・ペパーズ・ロンリー・ハーツ・クラブ・バンド

ザ・ビートルズ（1967年／Parlophone／英）

この1枚が、「アルバム」と「名盤」の意味を根底から変えた

「はじめに」にも記したが〈ローリング・ストーン〉の1位はこれだ。しかし〈NME〉の評価（87位）が順位を下げて、この位置となった。さすがに僕も、それは低すぎるんじゃないかと思うのだが……ともあれ本作は、ザ・ビートルズ8枚目のイギリス盤オリジナル・アルバムだ。現時点で、彼らの最も売れたアルバムでもある。

発表当時、イギリスではトータル27週、アメリカでは15週、1位に君臨。米グラミー賞では68年にアルバム・オブ・ザ・イヤーを獲得するのだが、なんとこれは「ロック・アルバムが同賞を受賞した初の例」でもあった。そして、今日までの全世界売り上げの累計で3200万枚を突破した、と言われている。

批評家からも絶賛された。「世界最初のコンセプト・アルバム」と呼ばれることもある。アルバム・タイトルとなった「架空のバンド」を創造し、そのバンドのショウをそのまま収録し

Sgt. Pepper's Lonely Hearts Club Band – **The Beatles** (1967) Parlophone, UK
Genre: Rock, Psychedelic Rock, Baroque Pop

たかのようなイメージで、全曲は配置された。バンドのテーマ曲がM1であり、アンコールに応えてふたたび演奏されるのがM12という趣向だ。M2、M3、M4、M7、M9、M10など、名曲もてんこ盛りだ。そしてイギリス盤のLPでは、このアルバムは「終わらなかった」。

最後のM13が終わったあと、針がレーベルのところまで動いていく過程で、なにやら怪しいノイズが流れる。レーベルに針が触れるとそこで針とびして戻るので、またそのパートが繰り返される。これが延々続く……という趣向だった。まあ、これ自体はとくに面白いものではなかったのだが、しかしとにかく「あらゆるところに凝っていた」ことの証明ではあった。スリーヴ・アートのいわくありげな感じ、そしてメンバー4人のファッションも含めて、「いろいろ考えた」結果が見てとれた。

本作がこうなったのは、ザ・ビーチ・ボーイズが前年に発表したアルバム『ペット・サウンズ』に影響を受けたため、と言われている。「作り込み」への傾倒が、突如ロック界の最前線で巻き起こっていた。「サマー・オブ・ラヴ」の時代だ。

スタジオのなかで「やれることのかぎり」をつくしたい。「だれも聴いたことのない」芸術的な音楽を生み出したい――「気のいいロックあんちゃんたち」だった4人は急速に大人になって、そんな情熱をたぎらせていた。本作の成功により、彼らはカウンターカルチャーの大波の先頭へと、立ち位置を移していくことになる。

Tracks: M1: Sgt. Pepper's Lonely Hearts Club Band / M2: With a Little Help from My Friends / M3: Lucy in the Sky with Diamonds / M4: Getting Better / M5: Fixing a Hole / M6: She's Leaving Home / M7: Being for the Benefit of Mr. Kite! / M8: Within You Without You / M9: When I'm Sixty-Four / M10: Lovely Rita / M11: Good Morning Good Morning / M12: Sgt. Pepper's Lonely Hearts Club Band (Reprise) / M13: A Day in the Life

22位

アストラル・ウィークス

（RS 19／NME 68）：915 pt

ヴァン・モリソン（1968年／Warner Bros.／米）

緑深き島の「幽体週間」、妖精たちと中空をたゆたう

こうした名盤リストではつねに首位を予想されるアルバムの筆頭にして最強横綱が、23位で紹介したビートルズ『サージェント・ペパーズ』（67年）だった――はずなのだが、同作をわずか1ポイント差で辛くも破ったのが、このアルバムだ。

北アイルランドはベルファスト出身の、傑出したシンガー・ソングライターがヴァン・モリソンだ。その彼の2枚目のスタジオ・アルバムが本作。モリソンは灼熱のガレージ・R&B・クラシック「グロリア」（64年）などのヒットを放ったバンド、ゼムの一員としてデビュー。脱退後はソロとして活動し、本作の前年にはポップな「ブラウン・アイド・ガール」（67年）をスマッシュ・ヒットさせていた。すでに実績はあった。だがしかし、本作における彼の巨大な芸術的跳躍を事前に予想できた者はいなかったはずだ。とてつもない大ジャンプだった。

まず、全曲モリソン自身のペンによる楽曲のありかたが、これまでとは違った。具象ではな

Astral Weeks – **Van Morrison** (1968) Warner Bros., US
Genre: Folk Rock, Soul, Irish Trad, Jazz

く、一種独特の神秘主義的傾向のもとで揃えられた連作歌集となっている。そこには、ケルトの文化的伝統の反映が見てとれた。虹やクジラや来世や天国のイメージが頻出するタイトル・チューンのＭ１には、本作の精髄が詰まっていると言っていい。またその筆さばきは「印象派の絵画のようだ」とも評された。

音楽性も聴き手を驚かせた。ストレートで現代的なロックやソウルから遠く離れた、清廉にして奥深い、アイリッシュ・トラッド音楽の影響が大きいフォーク・ロックを土台に、ジャズ的な自由度があるサウンドのなかを、まさに緩急自在、伝承民話のなかの歌神と化したかのように、モリソンは歌った。そして、ここにある神秘性には「いわれがある」ことに、少数の者がまず気づいた。

世はサイケデリックの時代だった。ドラッグの力を借りては、思いつきのカルトに陶酔する者はあとを絶たず、その坩堝のなかにロックはあった。しかし自らのルーツに立脚することで、現世の「向こう側」へと突き抜ける方法を、モリソンは開発した。言うなればそれは、「ケルトの魂」を転写したソウル音楽の黎明だった。

発表当時、本作は売れなかった。１万５０００枚しか売れなかった、との説もある。しかし、止まらず売れ続けた。２００１年、本作はアメリカでの売り上げが50万枚に達し、ゴールド・ディスクに認定された。発売から33年が経過していた。

Tracks: M1: Astral Weeks / M2: Beside You / M3: Sweet Thing / M4: Cyprus Avenue / M5: The Way Young Lovers Do / M6: Madame George / M7: Ballerina / M8: Slim Slow Slider

21位

レット・イット・ブリード

（RS 32／NME 52）：918 pt

ザ・ローリング・ストーンズ（1969年／Decca／英）

60s散華のあと、血塗られたロックの黄金が結晶化する

映画監督のマーティン・スコセッシが愛して止まない1曲、「ギミー・シェルター」（M1）が収録されている1枚だ。この曲を彼は、自身の監督作でこれまで3度も使っている（90年の『グッドフェローズ』、95年の『カジノ』、06年の『ディパーテッド』）。同曲および「無情の世界」との邦題の最終曲（M9）におけるゴスペル調コーラスにてサンドイッチされたのが、イギリス盤で通算8枚目のスタジオ・アルバムである本作だ。

このときのザ・ローリング・ストーンズは「内も外も」大混乱だった。「外」の混乱は「60年代が終わる」ということだ。カウンターカルチャーが攻勢を保ち、世界を変革できるかのような幻想が振りまかれていた季節がまさに幕を閉じようとしている時期に、本作は制作された。

「内」の混乱は、ブライアン・ジョーンズだ。

初期ストーンズのカリスマ的リーダーだったジョーンズは、ドラッグの影響もあり、次第に

Let It Bleed – **The Rolling Stones** (1969) Decca, UK
Genre: Rock, Blues Rock, Country Blues, Country Rock

能力を低下させる。そして本作の制作中にバンドを脱退、約1カ月後に自宅プールで溺死する。後任ギタリストの、弱冠20歳のミック・テイラーとともに、本作のレコーディングは進められていった。

ストーンズとは切っても切れない、まるで呪いのような死や血糊の臭気ただよう陰惨は、ここから本格的に、作品そのものを覆い始める。連続殺人鬼を歌ったM6の「わかりやすい」禍々《まがまが》しさもあるが、表題曲のM5にこそ「惨」の反映は最も大きい。それを裏返したテンダネスが、伝説的なブルースマン、ロバート・ジョンソンのカヴァーであるM2だ。本作は全英1位、全米3位を記録するヒットとなった。

ここに充満しているのは、混沌のなかで流血しながら踊っているような状態が極限に達し、ついに破裂してしまった「散華の美」だ。結果的にそれが「生々しい」命のありかを指し示すようなロックの誕生へとつながっていった。この「ストーンズらしいロック」の結晶化を評価して、前作『ベガーズ・バンケット』（37位、68年）と並び、本作を彼らの最高傑作と呼ぶ声は多い。黄金時代のなかの黄金だ、と。

アメリカン・ルーツ音楽に大きく接近する、という路線が、より一層推し進められたのも本作だ。「ルーツに立った」からこその闊達がここにある（サイケ時代の大失敗と比較してみるといい）。プロデュースは前作に引き続きジミー・ミラーだ。

Tracks: M1: Gimme Shelter / M2: Love in Vain / M3: Country Honk / M4: Live with Me / M5: Let It Bleed / M6: Midnight Rambler / M7: You Got the Silver / M8: Monkey Man / M9: You Can't Always Get What You Want

コラム2

ロックだと「わかる」ものこそがロックだ

——7分でわかるロックの定義とその概念

名盤の背景にあるのは、歴史だけではない。別の軸もある。地上のあらゆる事物と同様、名盤が誕生するときにもいつも、「必然」という名の運命が、そこに等しく関係している。この運命にはふたつのベクトルがある。タテとヨコ、時間と空間、それぞれのベクトルだ。これらが交差したとき、歴史的必然と社会的必然もまた重なり合って、名盤受胎の条件が揃うことになる。

言い換えると、これら「ふたつの軸」を認識したとき初めて、あなたは「その1枚」を十全に理解し、咀嚼することが可能となる。なぜならば、アルバムを聴く、好むという行為とは、じつのところ、その背後にかならずある「時間と空間の広がり」へと、聴き手であるあなたが「導かれている」ことに他ならないからだ。それゆえ「旅をして初めて」理解できることは数多くある。

録音された音楽を聴くことは、文学を読むことと同様、内面的に「時空を超える旅」に出るという行為なのだ。あるいは、特殊なクラシック・カーを駆って「ヒット・ザ・ロード」するようなものだ。精神世界のなかを。集合的無意識の大海のなかを——。

さてこの稿では、「空間」のほうを見てみよう。名盤が生まれるに至った、社会的必然や構造を、つまり「ヨコの広がり」について、解説してみたい。

僕が挙げた100枚のリスト（現時点ではまだ80枚だが）に、狭義の音楽ジャンル的には「ロックではない」アルバムも数多く含まれていることは、すでにお気づきのかたも多いかと思う。ヒップホップはもちろん、ソウルもカントリーも、モダン・ジャズまでもがランキングされている。つまりこのリストは、狭義ではなく「広義のロック」をとらえたものだ、ということになる。ではその「広義」とは、一体どこまでを含んでいいものなのか？　この問いに対する答えを、これから僕は書いていこう。

たとえば、すべてのモダン・ジャズが「ロックだ」と言うわけにはいかない。すべてのカントリーも、ちょっと難しいだろう。しかしソウル音楽の、R&Bのかなりの部分は「ロックに含んでもいい」かもしれない。ヒップホップの大部分も……といったところが、「広義のロック」に対する、米英におけるおおよその公式見解だろう。

つまり、広義のロックの対象となる範囲がいかに広かろうと、やはりそこには「敷居」はある、ということだ。「ロックなもの」と「ではないもの」のあいだには、厳然として明確な壁がある。なんでもかんでも「ロックに含む、でいいや」とは、ならない。

ではこの面倒くさい「敷居」の規準とは、なんなのだろうか？　「だれが決めている」のだろうか？――この疑問への、おそらく唯一と言える有効回答が、これだ。

「決めたい人が決めている」

そして「無数とも言える人々が、てんで勝手に『決めた』」その敷居の最大公約数となるものこそが「広義のロック」の定義として一般化する。この過程において、かつて大きな役割を果たしたのが、20世紀の後半、ちょうどロック音楽が伸張著しかった時代に隆盛を誇った、音楽雑誌（新聞形態も含む）メディアだった。〈ローリング・ストーン〉や〈NME〉は、その代表格だ。

ここで注目してもらいたいのが、この両者とも、じつは「ロック雑誌だ」と名乗ったことは一度もない、ということだ。にもかかわらず、両者とも、ロック・ジャーナリズムを代表するメディアとして、確固たる地位を確立した。つまりこういうことだ。両者が新しい音楽をフィーチャーしようとしたとき、その眼前に、激動する戦後社会の若者たちがいた。その者たちが愛好する音楽があった。そしてこれが「たまたま」ロックと呼ばれる音楽だった——それでこの両メディアは、ロックの情報および評論の総本山として発展していった。いや、両者の発展こそが「ロック音楽とは、どんなものなのか?」という定義そのものの成育に大きく寄与したことは疑う余地がない。

つまりこのように、ある種手作りで、観察され定義されてきたのが「ロックという概念」の最大公約数および最小公倍数なのだ。「広義と狭義」のロックなのだ。そしてもちろん、僕が今回まとめたランキング・リストも、「広義の」その最新ヴァージョンとして「定義の歴史」の一部となることを企図したものだ。

じつはロックの歴史とは、一面、「定義の歴史だった」と言うこともできる。ここで「歴史」の稿で僕が書いた、ＤＪアラン・フリードの行為を思い出してもらいたい。彼は「既存のＲ＆Ｂに」ロックンロールという新しい名を与えた。つまり「新しいアイデアで、特定の音楽を『定義』した」わけだ。この行為の延長線上に〈ローリング・ストーン〉も〈ＮＭＥ〉もある。そしてミュージシャンも「逆の立場から」この歴史の流れに荷担している。「新しい定義が必要な」音楽を生み出す、という行為によって。

たとえば、エルヴィス・プレスリーが一躍有名にした音楽スタイルである「ロカビリー」。これは、ヒルビリー（カントリー音楽の先祖）と「黒人のロックンロール（Ｒ＆Ｂ）」の合体だとよく分析される。このように、「狭義の」ロックの原点だとも言えるスタイルの構造のなかにすら、すでにまぎれもない「異種交配」があったこと……ここに、ロック音楽最大の特徴がある。

つまり、過去から連綿と続いてきた「純血種」を、そのままに次世代へと引き継いでいく——といった思想、行動原理を足蹴にして土足で踏んづけるような立場が「ロックの原点」だ、ということだ。ゆえに、血は混じる。「それまでの時代」の言葉では説明がつかないような音楽が生まれる。そこで「新しい定義」が必要となる。こんな順番だ。

さらにこの音楽形態は、ひとつの名を与えられたあとも「新しい血統」としてまとまって、そこで落ち着くことはなかった。「ロックンロール」という形式のなかに「さらに別の音楽」は絶えず取り込まれていった。化学反応が連鎖した。そこで「ロックの定義」そのものも、幾度も刷新されていった。あたかも新語に対応しすぎる辞書のように。

あらゆるものを取り込んで、いかようにも変化していける。しかも「どう変化しても」それがロックだと「わかる」ものこそがロックなのだ、という、まるで禅問答のような定義の繰り返しのなかにこそ、ロックの全歴史がある。

では、ロックが「そのような性質」を帯びた理由はなんなのか？　簡単だ。「それまでの」アメリカ社会において、すでに準備が終わっていたからだ。白人音楽家が黒人音楽から「影響を受ける」ことも、その逆の事例も、20世紀以前から繰り返し起こっていた。「山に住む」スコッチ・アイリッシュたちの音楽と、西アフリカから奴隷として連行されてきた人たちの音楽が、いたるところで交差して、連携した。ここにヨーロッパや、カリブ海諸国からの影響も混じっていった。ひとつ、ここから生まれた音楽がジャズだ。そしてふたつ目、歌曲として、より広く大衆の耳目をとらえ得る音楽形態として（一度）煮詰まったものが、ロックンロールだった。そして、その鍋には

「注ぎ足し」が幾度も可能だった。

と、そんなふうに「つねに異素材が混淆していく鍋」のごとき概念であるロックンロールの特質が「変化」であり、それこそが新しい「味（＝成功律）」を生み出すことになる、という構造があるわけだから、「過去のリヴァイヴァル」だって大きな武器となり得るのは、おわかりいただけるかと思う。「いまそこにない」ものならば、やはりそれは「異素材」であり、変化の種だと考えられるからだ。

結果的にこの方式にのっとっていた、と分析できる例のひとつがザ・ビートルズだ。彼らが若き日は、大衆文化の伝播において、アメリカとイギリスのあいだには抜き指しがたい「時間差」があった。平たく言って、イギリスの若者は「流行おくれ」だった。ゆえに、米本国ではすでに人気が落ち目だったロカビリアンたち、たとえばジーン・ヴィンセントやエディ・コクランらは、「まだお客が入った」イギリスの各地をよくツアーした。そこには、のちに「バンドを組む」若者たちが大挙して押し寄せていた。このお客たちが「マージー・ビート」と呼ばれるブームを背負った。およそ十数年後のブリティッシュ・パンク・ロックの勃興も、とてもよく似たメカニズムから生じた。

イギリスで隆盛となったロックのサブジャンルには、たいていこの「時間差」が影響している。ブルース・ロックもそうだった。そしてここから、レッド・ツェッペリンらにつながるハード・ロックが生まれた。ビートルズの「インド化」がアメリカ西海岸のサイケデリック・ロックに影響し、そしてイギリスへと還元されてきたものがピンク・フロイドらに憑依して、プログレッシヴ・ロックへと発展した。ジャズ・ロックも派生した。

アメリカで同種の例を探すなら、ボブ・ディランが登場してきた背景にあった「フォーク・リヴァイヴァル」がまず近い。初期のロックンロールが流行し終わったあと、「戦前の」フォーク・ソングを復刻する、新たに自分たちで歌い直す、というのがこのムーヴメントの要諦だった。そして、ディランも大きく関わったフォーク・ロックとは、ある種イギリスにおけるブルース・ロック確立の過程ととてもよく似ていた。フォークとロックという、近縁にあるもののアマルガムという発想だからだ。

さらに大雑把に言ってしまうと、ヒップホップ音楽とは「黒人の新型ロックンロール」だ。それまでのソウルやファンク音楽の歴史とは、一旦「切れて」いるのが最大の特徴だ。だって、他人のレコードを勝手に「サンプリング」するところから始めるのが基本なのだから。先達への敬意は、ないと言えばまったくない（逆に「あると言えばすごくある」のだが）。ゆえにそれまでの「まともな」黒人音楽の歴史とは異なる、大胆にして無茶苦茶な「解釈」にて、新しい音楽を作り上げることができた。つまりそれまでにあった、さまざまな音楽の要素を「簡単に」統合し、さらに「違うもの」として爆発させる方法を得た。ここが「ロックの構造」と、まるで双子のようによく似ている。だから一時期のエミネムは、おそろしいほどまでにプレスリーにそっくりだったのだ。

そしてヒップホップの「大胆さ」の出どころを観察してみると、驚くほどに「マージー・ビート」の成立過程とも構造が似ていることに気づくはずだ。イギリス人が「アメリカのロックやR&B」に時間差のなかで影響されて、彼らの「鍋」に投げ込んだあげくに成立させたスタイルであり「思想」だったマージー・ビートと、ヒップホップ音楽の根っ子にある自由闊達さは、とてもよく似ている。ほとんど相似形と言ってもいいほどに。

録音作品という「過去の時間を閉じ込めたもの」に影響され、選択して「解釈」したそれを、「組み替え直して」新たなるひとつの作品とする――この発想が基盤にある大衆音楽を、一番簡単に呼ぶときの名前が「ロック」なのだと言い換えてもいい。

そしてこの性質は、つまり「そこに壁があったなら」すべて超えてやる!とでも言いたげな、向こう見ずなまでの能動性が起点となっている。ロックンロールが、あらゆる意味で「20世紀らしい」躍動に満ち満ちているのは、そういう理由からだ。

100位

▶▶▶▶▶▶▶61位

60位

▶▶▶▶▶▶21位

20位

▶▶▶▶▶11位

10位

▶▶▶▶▶6位

5位

▶▶▶▶▶1位

20位

（RS 41／NME 38）：923 pt

ネヴァー・マインド・ザ・ボロックス・ヒアズ・ザ・セックス・ピストルズ

セックス・ピストルズ（1977年／Virgin／英）

地獄から来たノー・フューチャーが、ロック文化に大革命をもたらす

ささくれ立ったギターが、ぶっ壊れたチェーンソーみたいにあたり構わず衝突しては破壊する、この特殊仕様のロックが、パンクのイメージを決定づけた。セックス・ピストルズのデビュー作にして「たった1枚だけ」のスタジオ・アルバムが本作だ。

彼らは、スキャンダルの渦のなかにいた。最大の震源は、先行シングルともなった「ゴッド・セイヴ・ザ・クイーン」（M4）だ。イギリス国歌と同じ「神よ女王を護りたまえ」との意味をタイトルにしたこの曲は、むき出しの「嫌みと侮蔑」だけを形にしている。女王は「人間ではない」と罵倒し、王制を「ファシスト体制」と呼んで愚弄、「イングランドの夢に、お前らに、未来なんてない！」と吐き捨てる。しかも「最悪」のタイミングで。なぜならばこの年、77年は、エリザベス女王の即位25周年（シルヴァー・ジュビリー）だったからだ。

当時12歳の僕はロンドン郊外の寄宿学校にいた。だからイギリスの「普通の」善男善女、と

Never Mind the Bollocks Here's the Sex Pistols – **Sex Pistols** (1977) Virgin, UK
Genre: Punk Rock

くに中年層や老人がいかに記念式典を楽しみにしていたのか、実感としてよくわかる。みんな笑顔で、街じゅうどこでも記念グッズやユニオン・ジャックの小旗を売っていた。そこに突然、音楽による「テロ攻撃」を仕掛けたのが彼らだった。

だから当然、囂々たる非難の声が巻き起こった。多くの「普通の」人々が彼らを憎み、忌み嫌い、ヴォーカルのジョニー・ロットン（のちにライドン）は右翼の暴漢に幾度も襲撃されては刺された。彼が「アナキストになりたい」と歌うM7も問題視され、ピストルズは公共の敵として叩かれ、シングル1枚出すたびにレコード会社をクビになる。しかし都合2社を経たあと発表された本作は、もろもろの「悪名」が絶好の宣伝となって、全英1位の大ヒットを記録してしまう。そして、音を立てて全世界のロックが、ポップ文化が革命の荒波に飲み込まれていくことになる。

大ヒットの理由は、簡単だ。「怒っている」若者は、彼ら以外にもいっぱいいたからだ。ジュビリーの陰で壊れかけていた当時のイギリスだけでなく、世界じゅうにいる「持たざる者」の渦巻く鬱屈そのものを武器として、世に解き放つ方法を彼らは提示した。ピストルズが定義したパンクの「心」とは、ソリッドで純粋なる「怒り」だった。甘さ・思いやり・穏やかさ・爽やかさ——といった、人の世に欠かせない潤いや栄養分など一切ない、非常事態下における戦闘用のロックンロールだった。

Tracks: M1: Holidays in the Sun / M2: Liar / M3: No Feelings / M4: God Save the Queen / M5: Problems / M6: Seventeen / M7: Anarchy in the U.K. / M8: Bodies / M9: Pretty Vacant / M10: New York / M11: E.M.I.　※UKオリジナル盤は、上記全11曲収録のLPに加えて「Submission」を収録した7インチ・シングルが付録となっていた。

19位

ルーモアズ

（RS 26／NME 51）：925pt　※19位、18位の2枚が同スコア

フリートウッド・マック（1977年／Warner Bros.／米）

爛熟のソフト・ロック、魔女がささやいた「噂」

とにかく売れた。発表当時、米英レコード店の一等地を支配した。たとえばイーグルス『ゼア・グレイテスト・ヒッツ 1971－1975』（76年）の隣などで。

イギリスで結成されたバンド、フリートウッド・マックの11枚目のスタジオ・アルバムが本作だ。そもそもはブルース・ロック・バンドとして67年にスタートしたのだが、このころは男女混成の5人組となり、音楽性も変化していた。男女混成バンドならではの、恋愛関係のいざこざも繰り広げられた。そして「そんな模様」がソースとなって、収録曲になった。愛の終焉を歌った「ドリームス」（M2）は、バンド唯一の全米1位シングルとなった。歌っていたのは、スティーヴィー・ニックスだ。

ミック・フリートウッドとジョン・マクヴィー、そしてマクヴィーの妻であるクリスティンの3人に、ニックスとリンジー・バッキンガムのアメリカ人カップルが加わったのが、75年以

Rumours – **Fleetwood Mac** (1977) Warner Bros., US
Genre: Rock, Soft Rock

降のフリートウッド・マックだ。この体制下で初めて制作された前作は全米1位を記録。初めての巨大な商業的成功作となる。そして本作に至るまでの2年間で、すべてのカップルの絆は切れ、関係は壊れてしまう（それが歌になる）。その混沌のなかから浮上してきた世紀の歌姫こそ、ニックスだった。

カエル声と言えばいいのか、独特のしゃがれた声で抜群のパフォーマンスをおこなう彼女は、そのコケティッシュな容姿と相俟って、バンド随一の人気者となっていく。映画『スクール・オブ・ロック』（03年）やTVドラマ『アメリカン・ホラー・ストーリー：魔女団』（13年）でもネタになったほどの、永遠のロック・アイコンが花開いたのはこの時期だ。本作では前記M2、M11でニックスがリード・ヴォーカルをつとめている。M9はバッキンガムと、M7はそこにクリスティンも加わり、いっしょに歌っている。英語圏で言うところの「ソフト・ロック」のきわみのような、洒脱で豊かな歌世界がここにある。M4、M5、M8も人気が高い。

75年、ジョン・レノンはインタヴューのなかでこんな発言をしていた。「（アメリカの）音楽業界はすごく大きい。何十億ドル規模の産業で、思うに、いまは映画業界よりも大きいんじゃないかな」——そんな時代の爛熟のきわみ、その頂点にて燦然と輝いていたスーパー・ヒット作が、これだ。そして、こうした雲上人に自爆攻撃を仕掛けようとしたのが、77年以降のパンク・ロッカーたちだった。

Tracks: M1: Second Hand News / M2: Dreams / M3: Never Going Back Again / M4: Don't Stop / M5: Go Your Own Way / M6: Songbird / M7: The Chain / M8: You Make Loving Fun / M9: I Don't Want to Know / M10: Oh Daddy / M11: Gold Dust Woman

18位

フォーエヴァー・チェンジズ

（RS40／NME37）：925pt　※19位、18位の2枚が同スコア

ラヴ（1967年／Elektra／米）

愛の夏から生き残って、そして永遠に変化していく愛

だれ?とジャケット写真を見て思う人も、いるかもしれない。「ラヴ」という名のこのアメリカのバンドは、日本ではあまり知られていない。米英でも、じつはかつては、それほど「強い」バンドではなかった。彼らが活動していた時期、60年代後半のサイケデリックの時代においては、中堅どころぐらいの存在だっただろうか。

しかし時間が経つにつれ、彼らの作品への再評価の声は高まっていく。なかでも最も支持された名盤が、3枚目のスタジオ・アルバムである本作だ。〈ローリング・ストーン〉と〈NME〉の順位が高いところでほぼ並んだ結果、この位置に入った。

彼らの最大の特徴が、中心人物であるシンガー・ソングライター、アーサー・リーの劇的で「熱い」歌声だ。「ソウルフルなサイケデリック・ロック」と言えるような、個性的な世界がラヴの特徴だ。加えて、スケールの大きな曲想に欠かせない彩りとして、バロック音楽の要素が

Forever Changes – **Love** (1967) Elektra, US
Genre: Psychedelic Rock, Folk Rock, Baroque Pop

ある。また、M2のようなエキゾチシズムだって得意技だ。シングル・カットされたM1は、彼らの代表曲のひとつだ。このナンバーは、このあと驚くほど数多くのアーティストにカヴァーされることになる。

ラヴへの熱い視線は、同業者のなかからまず顕在化した。ローリング・ストーンズは彼らの「シー・カムズ・イン・カラーズ」を真似て「シーズ・ア・レインボウ」を書いた。ニール・ヤングが、ジミ・ヘンドリックスが、エリック・クラプトンが、ラヴやアーサー・リーへの讃辞を口にした。ロバート・プラントは本作を「オールタイム・フェイヴァリットの1枚」とまで言った。そして、ストーン・ローゼズのメンバーと彼らのプロデューサーであるジョン・レッキーが意気投合したのは、本作が「史上最高の1枚」だと、全員の意見が一致した瞬間だった、という。

サマー・オブ・ラヴの時代に人気を集めた、多くのサイケデリック・バンドの作品が、時間とともに陳腐化していったのと、まったく逆のコースを本作はたどった。前述の「特徴」が時代を超え得る実質性を担保したからだ。94年には若手バンドが集まったトリビュート盤が彼らに捧げられた。本作の1枚前の『ダ・カーポ』(66年)も人気が高い。〈バカラック=デイヴィッド〉の筆による彼らのデビュー曲「マイ・リトル・レッド・ブック」(同)は、映画『ハイ・フィデリティ』(00年)のエンディングでも使用された。ラヴはみんなに愛された。

Tracks: M1: Alone Again Or / M2: A House Is Not a Motel / M3: Andmoreagain / M4: The Daily Planet / M5: Old Man / M6: The Red Telephone / M7: Maybe the People Would Be the Times or Between Clark and Hilldale / M8: Live and Let Live / M9: The Good Humor Man He Sees Everything Like This / M10: Bummer in the Summer / M11: You Set the Scene

17位

ブロンド・オン・ブロンド

（RS 9／NME 62）：931 pt

ボブ・ディラン（1966年／Columbia／米）

本家による本歌取りのフォーク・ロックで、奇跡の季節の集大成を

ボブ・ディランが「エレクトリック」化した、僕が言う「奇跡の季節」の締めくくりとなるアルバムだ。つまり「ディランのフォーク・ロック」の完成型がここにある。それが彼にとって7枚目のスタジオ・アルバムとなる本作だ。

なんと言っても、本作の特徴は「ポップだ」ということにつきる。M1、M4、M6のにぎやかさ、華やかさ、聴きやすく軽快にして、つい鼻歌で口ずさみたくなるこの感じは、彼の到達点と言うべき境地だ。ついこのあいだまでは「こんなふうにポップに」ディランの曲を昇華できるのは、カヴァーした人たちだけの特権だった（ザ・バーズなどが典型だ）。「本人だけは」これをやれなかった、のだが。

なにか「吹っ切れた」かのように軽やかに歌うディランの魅力は、たとえば「アイ・ウォント・ユー」（M5）、「ジャスト・ライク・ア・ウーマン」（M8）といった、このあとも長く愛

Blonde on Blonde – **Bob Dylan** (1966) Columbia, US
Genre: Folk Rock

Tracks: M1: Rainy Day Women #12 & 35 / M2: Pledging My Time / M3: Visions of Johanna / M4: One of Us Must

される人気曲に顕著だ。一方、アナログ盤の片面に11分にわたるM14だけが収録されていたりもする（もっとも、長さを感じさせない1曲なのだが）。言い忘れていたが、本作のオリジナル盤は、アナログLP2枚組のダブル・アルバムだった。この形態がディラン初なのはもちろん、ロック界においても「初めてではないか」というほど斬新なものだった。このときの彼の創作意欲を受け止めるには、ここまでの大きな容れ物が必要だった、ということのあらわれだ。

本作のレコーディングは、その大半がテネシー州ナッシュヴィルでおこなわれた。カントリー音楽の聖地、アメリカ大衆音楽の母なる故郷がナッシュヴィルだ。前作、前々作はニューヨークのコロムビア・スタジオですべて録られていたから、彼の「転地」制作法が吉と出たのが、この充実ぶりの一因だったのかもしれない。

ディランの絶頂期は、本作の発表をもって突如終了する。66年7月のオートバイ事故にて重傷を負った彼は、公の場から一時姿を消すからだ。この隠遁期間を経たあとの彼は、ザ・バンドとセッションし、ナッシュヴィルへと舞い戻ることになる。

まだザ・ホークスと名乗っていたザ・バンドの面々（ロビー・ロバートソンとリック・ダンコ）が、M4にのみ参加している。この1曲だけがニューヨークで完成にまで至った。前作に引き続いての、アル・クーパーのオルガンもいい感じで映えているので、過去と未来と、そしてディランのこの季節のすべてを象徴するような、面白い味わいのナンバーとなっている。

Know (Sooner or Later) / M5: I Want You / M6: Stuck Inside of Mobile with the Memphis Blues Again / M7: Leopard-Skin Pill-Box Hat / M8: Just Like a Woman / M9: Most Likely You Go Your Way and I'll Go Mine / M10: Temporary Like Achilles / M11: Absolutely Sweet Marie / M12: 4th Time Around / M13: Obviously 5 Believers / M14: Sad Eyed Lady of the Lowlands

16位

ハイウェイ61リヴィジッテッド

（RS 4／NME 64）：934pt

ボブ・ディラン（1965年／Columbia／米）

どんな気分がする？　家路もわからずにひとり、転がる石のように

17位に続きボブ・ディランだ。そして本作は彼の「奇跡の季節」のど真ん中にして、60年代の最重要――いや、ロック史のすべてを俯瞰した上で屈指の「重要」ポイントの座標に、不滅の里程標のように打ち立てられた、そんな1枚だ。

面白いことに、〈ローリング・ストーン〉と〈NME〉のあいだで意見が割れている。〈NME〉は17位の『ブロンド・オン・ブロンド』（66年）のほうを上位にランクしていた。しかし本作を上位に置いた〈ローリング・ストーン〉における2作品の順位差のほうが〈NME〉のそれより大きかったため、3ポイント差でこうなった。僕の意見では「これでいい」。なぜならば本作には、「ライク・ア・ローリング・ストーン」（M1）が収録されているからだ。あの、名曲中の名曲が。

〈ローリング・ストーン〉が選んだ「オールタイム・グレイテスト・ソングス500」の1位

Highway 61 Revisited – **Bob Dylan** (1965) Columbia, US
Genre: Folk Rock, Electric Blues

がこの曲だ。ディランにとって初の、そして現在までの唯一の全米1位シングルとなった同曲は、ロックが文学以上の「語りの場」となることを実証した。愛唱歌を口ずさむだけで、世界観が、人生観が、思想が、ものすごい速度で刷新されていく「ことがある」事実を示した。あたかも、日めくりカレンダーの全ページを一気に破り去るみたいに、この6分13秒のうちに「それは起こりえるのだ」と……。

サウンド面で決定的な働きをしたのが、アル・クーパーのオルガンだ。彼はギタリストだった。しかしすでにセッションに参加していたマイク・ブルームフィールドがいたから、「ろくに弾けもしない」オルガンでの演奏にスイッチしたのだという。結果、シンプルにして大胆で印象ぶかい、あのフレーズへとつながった。彼のオルガンと「どんな気分がする？（How does it feel?）」との繰り返しだけでも、一度聴いたら一生涯忘れられるわけがない。この曲が、ロックの幼年期を終わらせた。

本作は彼の6枚目のスタジオ・アルバムだ。邦題は『追憶のハイウェイ61』だった。しかし意味的には「ハイウェイ61再訪」とするぐらいが正しい（フィッツジェラルドの「バビロン再訪」のように）。タイトル曲（M7）は、ロバート・ジョンソンを始め、アメリカ史に残る数々の伝説の舞台となった「魂の国道」を叙事詩のように描く。ブルースのM2、M3、M5、それからM8も人気が高い。「廃墟の街」との邦題のM9も見事な「歌う文学作品」だ。

Tracks: M1: Like a Rolling Stone / M2: Tombstone Blues / M3: It Takes a Lot to Laugh, It Takes a Train to Cry / M4: From a Buick 6 / M5: Ballad of a Thin Man / M6: Queen Jane Approximately / M7: Highway 61 Revisited / M8: Just Like Tom Thumb's Blues / M9: Desolation Row

15位

（RS 24／NME 42）：936pt

インナーヴィジョンズ

スティーヴィー・ワンダー（1973年／Tamla／米）

「ワンダーな」新型ソウルを、ひとりスタジオに入った鬼才が生んだ

彼にとって16枚目のスタジオ・アルバムである本作は、批評家、あるいは音楽マニアのあいだでとりわけ評価が高いスティーヴィー・ワンダーの名作だ。

このときのワンダーは、前作からのカットである、邦題を「迷信」「サンシャイン」とする2曲のシングルが全米1位のヒットとなったばかりだった。そんな状況下の彼が、大半を「たったひとりで」作り上げたアルバムが本作だ。

具体的に言うと、M3、M5、M6は全楽器もヴォーカルもワンダーがひとりでやっている。M1、M7、M8、M9も、基本的には「彼ひとり」で、ベースやボンゴ、コーラスなど、一部だけを「手伝ってもらって」仕上げた。つまり、全9曲のうち7曲は「ワンダーづくし」なのだ。まるでザ・ビーチ・ボーイズ『ペット・サウンズ』（66年）をブライアン・ウィルソンがひとりで録ってしまったかのように。

Innervisions – **Stevie Wonder** (1973) Tamla, US
Genre: Soul, Funk, Rock, Jazz

これはソウル音楽では、きわめてめずらしいことだった。しかし彼には（彼だけには）前例があった。前々作の『ミュージック・オブ・マイ・マインド』（72年）がそれだ。このときに最大の助けとなったのは、イギリス人の音楽家／プロデューサーのマルコム・セシル率いるトントズ・エクスパンディング・ヘッド・バンドによる「シンセサイザー調整」だった。モーグやアープといったアナログ・モジュラー・シンセを操ることにかけて天下一品の彼らの助力によって、スタジオ内のワンダーは八面六臂《ろっぴ》の活躍が可能となった。このときの体験を、「スタ一となったあと」の彼が再現しようとして、そして、空前の規模で成功させたのが本作だ。

タイトルどおり、ここに並ぶナンバーは、彼の「内的ヴィジョン」をあらわしている。だから歌詞における政治的、社会的ステイトメントも明確になった。ドラッグ問題を歌ったM1、黒人へのアメリカ社会の構造的差別を射抜くM3などの名曲を生んだ。こうしたナンバーと同時に、グルーヴィーにして美しいバラッドのM4が並ぶところに、新時代のソウルのあるべき姿を見る者がいた。それが支持につながった。

派手なシングル・ヒット（「迷信」のような）がないことを批判する声も、当初はあったという。しかしアルバムは着実にセールスを重ね、その後の彼の芸術的基盤となる地平を確立する。これが次々作『ソングス・イン・ザ・キー・オブ・ライフ』（59位、76年）の大爆発へとつながっていく。

Tracks: M1: Too High / M2: Visions / M3: Living for the City / M4: Golden Lady / M5: Higher Ground / M6: Jesus Children of America / M7: All in Love Is Fair / M8: Don't You Worry 'bout a Thing / M9: He's Misstra Know-It-All

14位

（RS 48／NME 17）：937pt

イット・テイクス・ア・ネイション・オブ・ミリオンズ・トゥ・ホールド・アス・バック

パブリック・エネミー（1988年／Def Jam／米）

憤激の預言者「公共の敵」が最終戦争のカウントダウンをする

彼らなくして、90年代のヒップホップ大攻勢はなかった。N・W・Aが西海岸で暴れていたのとほぼ同時期に、道なき場所に道を切り開き、無数のロック・ファンを「ヒップホップに引き込んだ」先駆者のひとつが、このパブリック・エネミーだ。

衝撃的なデビューを飾った前年の勢いそのままに、ナショナル・チャートに食い込むまでの大きな躍進を見せたのが、2枚目のスタジオ・アルバムである本作だ。彼らのデビューが「衝撃」だった理由は簡単だ。これほどまでに戦闘的な態度の黒人アーティストを「アメリカの大衆」はこれまで見たことがなかった、からだ。

パブリック・エネミーは、「ランDMCとザ・クラッシュの合体」だと評されることがある。つまり、ハード・ロッキンでファンキーなビートと、政治的・社会的不公正を糾弾する主張の合体だ。だから「公共の敵ナンバー・ワン」と名乗るシングルで彼らはデビューする。それは

It Takes a Nation of Millions to Hold Us Back – **Public Enemy** (1988) Def Jam, US
Genre: Hip Hop

Tracks: M1: Countdown to Armageddon / M2: Bring the Noise / M3: Don't Believe the Hype / M4: Cold Lampin'

「白いアメリカ」が作り上げたいびつな秩序に、正面から戦いを挑むものだった。

ステージで彼らの背後に立つ、まるで武装した私兵のようないでたちで、60年代の急進的政治組織ブラックパンサー党を思わせる「ダンサー」チーム、S1Wの存在も目を引いた。プロ格闘家のような巨体にしてスクラッチの達人でもあるDJの名は「ターミネーターX」。大きな時計を金の鎖で首からぶら下げたMCはフレイヴァー・フレイヴ。そして、メインMCにしてすべてを指揮する総帥がチャックD——こんな顔ぶれが鳴らしたのが、「画期的に新しい」ヒップホップだった。

たとえば、細かくチョップした有名曲や効果音を随時ビートに叩き込む手法。キャラクターの違う2人の掛け合いが、立体的なニュース・ショウのように機能するところ。まるで存在そのものを「メディア化」したかのごときそのユニークさに、黒人以外も多く含む聴き手が敏感に反応した。M2、M3などがとくに人気を呼んだ。そして本作は、全米で彼ら初めてのプラチナム・アルバムとなるヒットとなった。

次なるアルバムで、ついに彼らは、エルヴィスもジョン・ウェインも白人向けの愚物だと切って捨てる、あの「ファイト・ザ・パワー」を世に送り出す。同曲はスパイク・リー監督の『ドゥ・ザ・ライト・シング』（89年）のテーマ曲となり、映画のヒットも相俟って、さらなる波紋を全世界へと広げていくことになる。

with Flavor / M5: Terminator X to the Edge of Panic / M6: Mind Terrorist / M7: Louder Than a Bomb / M8: Caught, Can We Get a Witness? / M9: Show 'Em Whatcha Got / M10: She Watch Channel Zero?! / M11: Night of the Living Baseheads / M12: Black Steel in the Hour of Chaos / M13: Security of the First World / M14: Rebel Without a Pause / M15: Prophets of Rage / M16: Party for Your Right to Fight

13位

(RS35/NME23):944pt

ザ・ライズ・アンド・フォール・オブ・ジギー・スターダスト・アンド・ザ・スパイダーズ・フロム・マーズ

デヴィッド・ボウイ(1972年/RCA/米)

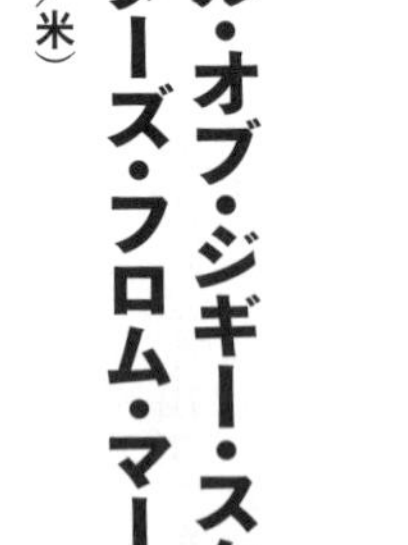

地球に墜ちてきたロックスター、ケレンと誠実の興行を開幕する

宇宙から来たバイセクシュアルの異星人ロックスター「ジギー・スターダスト」をデヴィッド・ボウイが演じた。彼の最初の「ペルソナ」がこれだ。出世作となった5作目のスタジオ・アルバムは、まさに「一世一代の名舞台」、渾身の1枚だ。

ひとことで言うと、本作は世界初の「コンセプチュアルなグラム・ロック」だ。ジギーというキャラクターに沿った、SF的で浮世離れした設定が歌われたナンバーが並ぶ。「地球にはあと5年しか残されていない」と不吉な予言がおこなわれるM1から本作は幕を開ける。

テーマの解題を試みるのが人気曲のM4「スターマン」だ。子供たちにブギーを、福音を伝えにやって来た宇宙人を歌う。「ボウイのグラム」を堪能するなら、ミック・ロンソンの劇的なギターが光るタイトル曲のM9、ギター・ソロが秀逸なM3、ハードに疾走するM8やM10がお薦めだ。ショーホール風のM11もいい。

The Rise and Fall of Ziggy Stardust and the Spiders From Mars – **David Bowie** (1972) RCA, US
Genre: Glam Rock

アルバム発表後のツアー、ボウイは当然、ステージ上で「異星人のジギー」として歌った。眉毛を剃って髪を真っ赤に染めて逆立たせ、山本寛斎ほかの「両性具有的」奇矯な衣裳に身を包んだ。そんな彼に、場内を埋めつくした若い女性が悲鳴を上げ、涙を流しながら手を伸ばす光景がフィルムなどにおさめられている。彼女たちは、まるで救世主に触れようとするかのように、切実きわまりない表情をしていた。

おそらく彼女たちは孤立していた。学校でも家庭でも地元でも、どこにも居場所なんてなく、かりそめの「嘘」の共同体は、いつも彼女たちに一方的な屈従のみを強いた。「だがしかし」いま目の前にいる、「たったひとりで宇宙から墜ちてきた」男でも女でもないロッカーなら「友だちになれる」かもしれない――彼女たちが伸ばした指先に宿った「切迫」の正体とは、そのようなものだった。

ボウイの才能は、本作で「異端」を具現化した。これに触れて、聴き手は自らの異端性に気づき、屈従の日々から解放された。このような回路による「コミュニケーションの道具」としてのロックを創造し得たのは、本作のボウイが嚆矢だった。

出世作と言っても、当時本作は、全英5位、全米75位までしか上がらなかった。2016年までのトータル売り上げ枚数も「たったの」750万枚しかない。だがしかし「ロックを知る者」で、本作の威力を知らぬ者はいない。

Tracks: M1: Five Years / M2: Soul Love / M3: Moonage Daydream / M4: Starman / M5: It Ain't Easy / M6: Lady Stardust / M7: Star / M8: Hang On to Yourself / M9: Ziggy Stardust / M10: Suffragette City / M11: Rock 'n' Roll Suicide

12位

（RS 44／NME 12）：946 pt

ホーセス

パティ・スミス（1975年／Arista／米）

詩人の言葉とパンク・ロックがニューヨークの地下で依り代を得た

人呼んで「パンクの女王」がパティ・スミスだ。と言っても彼女は、同じニューヨークのラモーンズのような「体」のパンクではない。テレヴィジョンと同様の「技」のパンクだ。そんな彼女のデビュー・アルバムである本作は、元ヴェルヴェット・アンダーグラウンドのジョン・ケイルがプロデュースした。ジャケットに使用された、ロバート・メイプルソープ撮影のスミスのポートレートも話題となった。中性的な、毅然とした美をたたえた「詩人のパンク・ロック」が注目を集めた。

スミスのヴォーカルは、独特だ。まるで、おとぎ話に出てくる魔法使いの老婆がまじないを唱えているかのように、声を震わせながら歌う。おとぎ話と違うのは、ビート詩人直系の言葉の切れ味だ。また、彼女の最大の文芸的アイドルはアルチュール・ランボーだった。ボードレールやウィリアム・ブレイクも好んだ。

Horses – **Patti Smith** (1975) Arista, US
Genre: Punk Rock, Art Punk

そんなバックグラウンドのスミスが、ときに緩急自在、スポークン・ワードのような「語り」によって歌世界を動かしていく。そこからシフトアップして、炸薬が破裂するかのようなロックンロールへと発展する――この方式の最初の成功例が、M1だ。ゼム時代のヴァン・モリソンのヒット曲「グロリア」のカヴァーなのだが、前半部は彼女の「自在な朗読」で構成されている。幾多のカヴァーがある同曲だが、このヴァージョンは名演として人気が高い。

スミスいわく「言葉の力と3コード・ロックンロールの合体」を狙った本作において、ジャズ色の強いM3、レゲエ調のM2がいいアクセントになっている。とくに後者、元ザ・スミスのモリッシーが（名前つながりというわけでもないだろうが）04年のツアーでカヴァーした。彼はこの演奏を、スミス時代の名曲「ゼア・イズ・ア・ライト・ザット・ネヴァー・ゴーズ・アウト」（58位、86年発表の『ザ・クイーン・イズ・デッド』に収録）とのカップリングで、シングルにまでしている。

ボブ・ディランも彼女を気にかけている。16年にディランがノーベル文学賞を受賞したとき、なぜか代理として彼に指名されたスミスはスウェーデンに派遣され、アカデミー会員を前にディランの曲（邦題「はげしい雨が降る」）を歌わされる羽目になった。女性男性問わず、無数のアーティストに影響を与えたスミスもまた、偉大なる「ロックの詩人」の系譜のなかに位置していることのあらわれだ。

Tracks: M1: Gloria : In Excelsis Deo / M2: Redondo Beach / M3: Birdland / M4: Free Money / M5: Kimberly / M6: Break It Up / M7: Land – Part I: Horses, Part II: Land of a Thousand Dances, Part III: La Mer(de) / M8: Elegie

11位

ブラッド・オン・ザ・トラックス

（RS 16／NME 36）：950pt

ボブ・ディラン（1975年／Columbia／米）

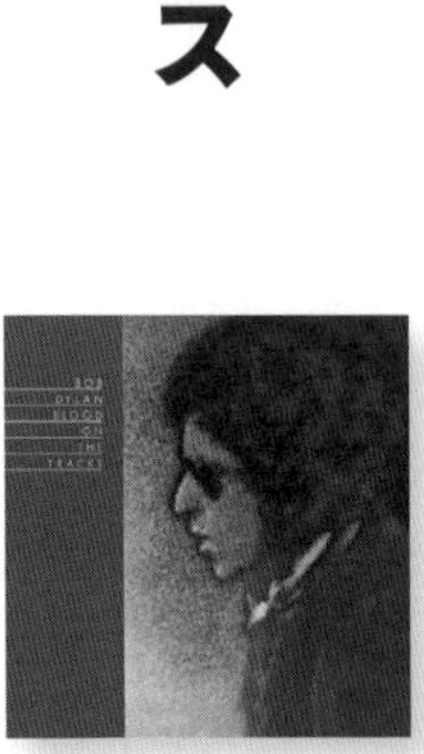

Blood on the Tracks – **Bob Dylan** (1975) Columbia, US
Genre: Folk Rock

宿命のひとひねりで、こんがらがってブルーになって

ボブ・ディランのアルバムのうち、当ランキングで最高位に位置する1枚がこれだ。意外だと思う人もいるかもしれない。〈NME〉リストでの順位が高かったから、こうなった。イギリス人の考える「ディランの最高位の1枚」が本作だということだ。発表時に賛否渦巻いたアメリカとは違い、英メディアやロック・ファンは当初から本作に好意的だった。「ディランの（幾度目かの）大復活作なのだ」と。

邦題を『血の轍』とする本作は、彼の15枚目のスタジオ作だ。60年代の彼の隠遁期明け、たとえば邦題「見張り塔からずっと」を収録していた『ジョン・ウェズリー・ハーディング』（67年）以来の傑作との呼び声が（とくにイギリスで）高かった。なぜならば、この直前のディランは（幾度目かの）迷走期だったからだ。

デビュー以来、長年所属していたコロムビアを離れたディランは、アサイラム・レコードに移籍する。同レーベルから74年に発表した2枚のアルバムでは、どちらもザ・バンドがバッキングをつとめていた（1枚目の『プラネット・ウェイブズ』の1曲を除く）。しかしこれらは、僕の耳には、大味な失敗作としか聞こえないものだった。あの67年のデモ流出音源では、両者の相性はよかったのに……。

そしてディランは、古巣コロムビアへの復帰作となる本作にて、ザ・バンドではなく、セッション・ミュージシャンを雇って録音をおこなう。レコーディングは難産で、ニューヨークだけではまとまらず、ミネアポリスに「転地」して、なんと現地のローカル・プレイヤーまで起用して作業は進められた。しかし、これが吉と出た。

たとえばM1「ブルーにこんがらがって」との邦題の人気曲、これだけで彼が長き眠りから「蘇生」したことがわかる。言うなれば、バックバンドはもちろん、シンガーとしての自分も含めて、すべてをコントロールする「総監督ディラン」がくっきりとした顔を見せた1枚が本作だった。離婚など、私的な体験を「チェーホフのように」昇華した、人生の深みを感じさせる収録曲の数々も高く評価された。

結果、本作は全米1位、全英で4位を獲得。続くスタジオ・アルバム『デザイア』（80位、76年）と合わせて、セールス面での彼の最高潮の時代がやってくる。そして本作からの流れが、「総監督ディラン」が率いる、あのローリング・サンダー・レビューへとつながっていく。

Tracks: M1: Tangled Up in Blue / M2: Simple Twist of Fate / M3: You're a Big Girl Now / M4: Idiot Wind / M5: You're Gonna Make Me Lonesome When You Go / M6: Meet Me in the Morning / M7: Lily, Rosemary and the Jack of Hearts / M8: If You See Her, Say Hello / M9: Shelter from the Storm / M10: Buckets of Rain

100位

▶▶▶▶▶▶▶61位

60位

▶▶▶▶▶▶21位

20位

▶▶▶▶▶11位

10位

▶▶▶▶▶6位

5位

▶▶▶▶▶1位

10位

（RS 14／NME 34）：954pt ※10位、9位の2枚が同スコア

アビー・ロード

ザ・ビートルズ（1969年／Apple／英）

このままじゃ終われねえよ、と彼らは通りを渡って録音した

巻間よく言われる「ザ・ビートルズの実質的ラスト・アルバム」が本作だ。69年の7月1日からレコーディングは本格スタートし、8月25日に終了した。バラバラになりかけていた4人が「いま一度、全員でアルバムに取り組もう」として、この録音はおこなわれた。結局それが、最後の試みとなった。11作目のイギリス盤オリジナル・アルバムである本作は、この点においてまず、永遠に滅しない価値を得た。

ビートルズ存在時のイギリス盤オリジナル・アルバムは、このあとにもう1枚ある。『レット・イット・ビー』（70年）がそれだ。しかしそこに収録されたトラックは、69年1月におこ

Abbey Road – **The Beatles** (1969) Apple, UK
Genre: Rock

Tracks: M1: Come Together / M2: Something / M3: Maxwell's Silver Hammer / M4: Oh! Darling / M5: Octopus's Garden

なわれた「ゲット・バック・セッション」にて収録された音源がもとになっている。つまり、本作が制作されるよりも「前」に録音された素材を、本作のリリース後に「まとめ直した」ものが『レット・イット・ビー』だ。近年の研究により、収録曲の一部はジョン・レノン不在のまま70年に追加録音されたことが明らかとなっているものの、それは大きな問題ではない。すでにそのとき彼ら4人はバンドとしての体を成していなかったし、完成に至るまでの最後の道筋は、プロデューサーのフィル・スペクターに丸投げされることになったからだ。

というか、「ゲット・バック・セッション」の出来の悪さ、後味の悪さこそが、逆に彼ら4人を奮起させた。「このままじゃ終われねえよ」とだれかが言った。そして「いま一度『まともに』アルバムを作ってみようじゃないか、との合意が、4人のあいだに成立する。同セッションにて制作されたマテリアルを「まとめていく」作業よりも、もっと重要なことを彼らは思い出す。そして「合意」は、実行された。

こうした「合意と実行」によって生み出されたビートルズ最後のアルバムが、本作だということだ。「バンドとしての」ビートルズの最後の姿は、このアルバムのなかにある。だから有終の美、というやつも、否応なくここにある。

まずなんと言っても「サムシング」（M2）だ。「ヒア・カムズ・ザ・サン」（M7）もある。

/ M6: I Want You (She's So Heavy) / M7: Here Comes the Sun / M8: Because / M9: You Never Give Me Your Money / M10: Sun King / M11: Mean Mr. Mustard / M12: Polythene Pam / M13: She Came In Through the Bathroom Window / M14: Golden Slumbers / M15: Carry That Weight / M16: The End / M17: Her Majesty　※M17はオリジナル盤ではクレジットなしで、隠しトラック的なあつかいだった。M16が終了後20秒ほど経ってから、M17が鳴り出すように設定されていた。

ビートルズ時代のジョージ・ハリスンが生み出したベスト・オブ・ザ・ベストの2曲、これら至上の美をたたえたナンバーが収録されていることが、すなわち本作が「ビートルズの到達点」だったことを物語っている。「静かなビートル」なんて呼ばれて、弟分的な立場に置かれ、いろいろ不遇だったと聞くハリスンが「ここまで」到達できるほどの遠い距離を、彼らは歩いてきた。

アイドルとして登場した4人は、野心的な青年へと成長し、ロック音楽の荒野へとどんどん歩を進めていった。「サムシング」とシングルでカップリングとなったのは、レノンの「カム・トゥゲザー」(M1)だ。こちらは、振り切れた針の先にそっと置かれた、ハードなブルース・ロック・チューンだ。この印象的なベース・ラインは、のちのヒップホップ音楽家やDJに幾度サンプリングされたことか。「アイ・ウォント・ユー(シーズ・ソー・ヘヴィ)」(M6)も同じ流れの名曲だ。違う傾向ならば、なによりも「ビコーズ」(M8)、そして「サン・キング」(M10)だ。これら夢幻心地のレノン歌唱曲も、本作の聴きどころだ。

ポール・マッカートニーならば、まず「オー! ダーリン」(M4)だ。日本の沢田研二ほか、この曲のギター・リフは、世界じゅうで一体幾度模倣されたことか。これと「マックスウエルズ・シルヴァー・ハンマー」（M3）などの楽しい系のほか、アナログ盤ならB面の途中からのメドレー形式の一群、ここにマッカートニーの真骨頂がある。「ユー・ネヴァー・ギヴ・ミー・ユア・マネー」（M9）から「ジ・エンド」（M16）までの流れがそれだ（M17は隠しトラックあつかいだった）。「このメドレー・パートだけで『サージェント・ペパーズ～』に匹敵する」との声もあった。実際、たとえば「キャリー・ザット・ウェイト」（M15）あたりの展開は、このアルバムのクライマックスであるとともに、ビートルズが、いや60年代が壮烈なる大団円を迎えようとしていることと同期したかのような、スケールの大きさがあった。

本作によって人々は「ビートルズほどのバンドでも、終わる」ということを知った。これほどの才能が揃い踏み、これほど多くの人々から愛されていたのに――やはりときが来れば、最後を迎える。まるで「人生そのもの」のように。アルバムを再生するたび、聴き手は人生の有限性を（結果的にではあるが）追認させられた。

どんな夢でも、終わりは来る。そして人生には、苦みと痛みばかりが連続する、こともある。「だがしかし」ときに生じる、雲間から差し込む一条の光のような幸せのありかたをこそ、ビートルズは指し示そうとした。そのことの証明が、本作だ。

9位

ラバー・ソウル

(RS 5／NME 43):954pt

※10位、9位の2枚が同スコア

ザ・ビートルズ(1965年／Parlophone／英)

負けてられるかよ！と若者たちはシタール(など)を手に取った

10位に続きザ・ビートルズだ。しかも同スコアだった。よって、当ランキングのルールに沿って、「より古い」本作のほうが上位に入った。興味ぶかいのが、またしても〈ローリング・ストーン〉と〈NME〉のあいだで意見が割れていることだ。両者のあいだで、ねじれ現象が起こっている。

〈NME〉は10位の『アビー・ロード』(69年)を、本作よりも上位に置いていた。〈ローリング・ストーン〉はこっちを上にしているどころか、堂々の第5位だ。そして集計した結果、当リストではここに位置することになった。僕の意見では……じつに難しいところではあるのだが「これでいい」と思う。音楽的な達成度や、アルバムの完成度の高さは、比べるまでもない

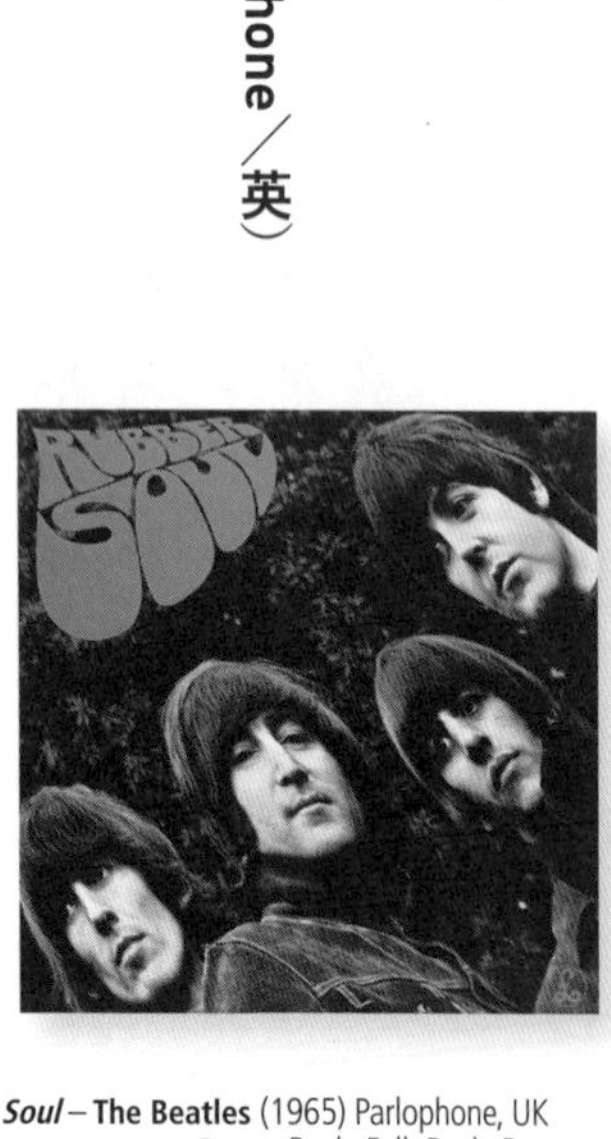

Rubber Soul – **The Beatles** (1965) Parlophone, UK
Genre: Rock, Folk Rock, Pop

(あっちのほうが「上」に決まっている)。だがしかし、ここにある「若さ」には、青春の輝きには、かけがえのないものがあると考えるからだ。彼ら6枚目のイギリス盤オリジナル・アルバムが本作だ。

オープニングの「ドライヴ・マイ・カー」が、まず素晴らしい。ロックのサブジャンルに、パワー・ポップというものがある。マージービート的なポップ・ロックを指向するものなのだが、これは「中期ビートルズ」の楽曲やアレンジ、ハーモニーを理想としている。初期の彼らの「楽しさ」に、より豊かな音楽的アイデアが加えられた……そんなパワー・ポップの「理想像」を知りたければ、この曲を聴けばいい。

それで続く2曲目が「ノルウェージャン・ウッド」なのだから、びっくりするほかない(ちなみに、よく言われる話だが、村上春樹の小説タイトルでもある「ノルウェイの森」という邦題は、完全なる誤訳だ)。ジョージ・ハリスンが弾くシタールが、メランコリックなこの曲に特異な陰影を与えている。パワー・ポップの元ネタの次にシタールなのだから、その違いっぷりがすごい。本作が冒険的なアルバムである、という証しだ。また、「俺らは新しいことをやってやるんだ!」という若者らしい高揚が、この2曲の「違いかた」から浮き上がってくる。そこに本作の魅力がある。

Tracks: M1: Drive My Car / M2: Norwegian Wood (This Bird Has Flown) / M3: You Won't See Me / M4: Nowhere Man / M5: Think for Yourself / M6: The Word / M7: Michelle / M8: What Goes On / M9: Girl / M10: I'm Looking Through You / M11: In My Life / M12: Wait / M13: If I Needed Someone / M14: Run for Your Life

収録曲で「パワー・ポップのネタ」系なのは、まずM5、M6、M12、そしてアルバム最後の2連発である「イフ・アイ・ニーデッド・サムワン」（M13）と「ラン・フォー・ユア・ライフ」（M14）だろう。「ノルウェージャン・ウッド」系列のメランコリアなら、「ミッシェル」（M7）、「ガール」（M9）で決まりだ。

そして、この両者に分類し切れない楽曲にこそ、本作の真の妙味がある。「この世でビートルズしかなし得なかった」マジックを宿した一群こそが、それらだからだ。「ノーウェア・マン」（M4）がその筆頭だ。「ユー・ウォント・シー・ミー」（M3）も、じつはちょっとすごい。「アイム・ルッキング・スルー・ユー」（M10）と合わせて、レコーディング技術の進歩と「いろいろな楽器や音をアレンジに織り込んでみる」彼らの実験が、（ここが重要なのだが）「じつにさりげなく、しかしきわめて」高い効果を発揮しているのが、この群だ。なかでも突出しているのが、「イン・マイ・ライフ」（M11）で、これはもう、いつなんどき聴いても泣くしかない。「ホワット・ゴーズ・オン」（M8）だけは、いまいちどこに入れるか、謎なのだが……（「パワー・ポップ」系ではなく……カントリー?）。

前作が『ヘルプ！（邦題『4人はアイドル』）』（65年）だったのだから、本作において彼らが果たした跳躍の距離たるや、目がくらみそうになるものがある。この時期のビートルズは、アイドルとしての自分たちから「次の段階へ」進むための計画を着々と練っている最中だった。コンサート活動をやめることをメンバー内で話し合い始めたのも、このころだったという。

そんな彼らに、いや、とくにジョン・レノンに決定的な影響を与えたのが、ボブ・ディランとの邂逅（64年8月）だった、と言われる。ディランもビートルズから影響を受けた。その一部の反映から、僕が「奇跡の季節」と呼ぶ、彼の名作群が生まれた。とくにその1、2枚目は本作と同じ65年に発表されている。『ブリンギング・イット・オール・バック・ホーム』（27位）が3月、『ハイウェイ61リヴィジッテッド』（16位）が8月だ。そして本作が、12月――デイランやザ・バーズなど、アメリカ勢の「最新の音楽」から刺激を受けたからこそ、ビートルズの4人のなかに「俺らだって、負けてられるかよ！」と、まるで対抗し合うライバル・チームのような競争心が芽生え、それがこの飛躍劇の原動力となったのではないか、と考えることは自然だ。そして彼らのそんな「向こう意気の強さ」が、ロック音楽の全体を「次の段階」へと押し上げていくほどの、4人の才能の開花へとつながっていく。

8位

ロンドン・コーリング

（RS 8／NME 39）：955 pt

ザ・クラッシュ（1979年／CBS／英）

70年代末に台頭したパンク・ロックの戦国武将が、80年代の全米を制する

影響度という点で観察してみた場合、パンク・ロック史上最強と言うべき1枚がこれだ。ザ・クラッシュの3作目のスタジオ・アルバムである本作『ロンドン・コーリング』は、本国イギリスはもちろん、アメリカの音楽シーン内外の広大な範囲を、永遠に変えてしまうほどのインパクトを与えた。その証拠のひとつが「えこひいき」と言うほかないほどの、〈ローリング・ストーン〉による本作への「愛」だ。

たとえば本作は、〈ローリング・ストーン〉が選ぶ「最も偉大な80年代のアルバム100枚」ランキング・リスト（89年制作）の1位に、堂々輝いた——「えっなんで?」と、ぜひここで

London Calling – **The Clash** (1979) CBS, UK
Genre: Punk Rock, Rock, Reggae, Ska, Rockabilly, New Orleans R&B, Pop, Jazz

Tracks: M1: London Calling / M2: Brand New Cadillac / M3: Jimmy Jazz / M4: Hateful / M5: Rudie Can't Fail / M6: Spanish Bombs

読者のかたは突っ込んでいただきたい。なぜならばクレジット欄にあるとおり、本作のイギリスにおけるオリジナル・リリースは「79年」の12月14日だからだ。79年は70年代だからだ。だがしかし〈ローリング・ストーン〉側の主張（言い訳？）としては、本作のアメリカ盤は年をまたいだ「80年」の1月に発売された、だから「ランキングの対象となった」とのこと、なのだが……まあ「それほどまでに」本作はアメリカのロック・ファンに「愛された」ということだ。

77年のデビュー作（当リスト34位）は同時発売すらされなかった（一度お蔵入りにされて、2年落ちになった）ほどにも無理解だった、あの国で。

クラッシュがここまで明確に「アメリカで勝利できた」最大の理由は「音楽的豊穣」への評価だ。その豊かさは、本作の充実ぶりではっきりと表面化した。パンク・ロックなのに、バラエティに富んだ「聴きごたえのある」ナンバーばかりが、綺羅星《きらぼし》のごとく並んでいる。その象徴がタイトル曲のM1だ。暗雲垂れこめる終末の冬のような景色のなかを、行進曲みたいに突き進んでいくこのナンバーは、パンク・ロックの意味を再定義した。「パンクな精神、美学をもって構築した」音楽こそがパンク・ロックなのであって、ラモーンズのような「単一の音楽スタイル」のみを信奉する「だけ」がパンクなのではない――彼らがここで実証したのは、あ

/ M7: The Right Profile / M8: Lost in the Supermarket / M9: Clampdown / M10: The Guns of Brixton / M11: Wrong 'Em Boyo / M12: Death or Glory / M13: Koka Kola / M14: The Card Cheat / M15: Lover's Rock / M16: Four Horsemen / M17: I'm Not Down / M18: Revolution Rock / M19: Train in Vain ※オリジナル・ヴァージョンのアナログ盤では、スリーヴにもレーベルにもM19の曲名記載はなかった。盤の最後、針がレーベルに向かっていくランオフ・エリアの空白部に、英文の曲名が手彫りで刻み込まれていた。

る種コペルニクス的転回を果たしたあとの「新しい」パンク・ロックの考えかただった。

Ｍ1と同様の「新型」パンク・ロック、そのストレートなタイプに分類できるのが「ヘイトフル」（Ｍ4）、「デス・オア・グローリー」（Ｍ12）といった名曲群だ。酒場ジャズ調のナンバー（なのにパンクなのだ）もある。「ジミー・ジャズ」（Ｍ3）などがそれだ。ロカビリーはＭ2の「ブランニュー・キャデラック」だ。

「ロンゲム・ボヨ」（Ｍ11）はニューオーリンズR&B（調のパンク）だ。もちろんお得意のレゲエもあって「ルーディ・キャント・フェイル」（Ｍ5）は見事なる応援歌だし、なんと言っても、ベースのポール・シムノンが書いて歌った「ザ・ガンズ・オブ・ブリクストン」（Ｍ10）が突出している。印象的な、重く陰鬱なこのベース・ラインは、のちにＤＪのノーマン・クックがビーツ・インターナショナル用にサンプリングして全英1位に輝いた。そのシムノンがライヴ中にベースを床に叩きつけようとしている姿が、本作のジャケットに使われている写真だ。

という本作の特徴について、メイン・ヴォーカリストでありギタリスト、ソングライターのジョー・ストラマーが、自らの言葉で的確に説明している。「パンクは『Change（変化）』って意味だった。『Fxxk』や『Sxxt』みたいな4文字言葉じゃなく、6文字だ。でもいまじゃ、パンクはトラディションだ。俺らはそんなSxxtの一部にはなりたくない」（英〈サウンズ〉紙、79年7月6日号より）。こうした思想によって設計された、パンクの理念を内在させた「より新しく、強靱なロック」が、LP2枚組のダブル・アルバムである本作には詰まっている。この成功によって、パンクは期間限定の「ブーム」型消費財から脱し、永遠なる「反逆の音楽」へと、実質的に昇格させられた。これが人々を爆発的に「覚醒」させた。

たとえばグリーン・デイら「イーストベイ・パンク」連中のクラッシュへの信奉は厚く、なかでもランシドなどはパンク・ロックではなく「ジャンルはクラッシュ」と言ったほうがいいくらい、なにもかもがよく似ている（いや、心がけて「似せている」）。レゲエ界はもちろん、パブリック・エネミーを例に出すまでもなく、ヒップホップ勢にもクラッシュ・ファンは数多い。ハウスやテクノ界にも普通に多い。スケートボードほか、90年代以降の「ストリート」文化の周辺にいる者で、クラッシュの悪口を言う奴なんて、ただのひとりもいない。全世界のブルース・リー・ファンが、彼の映画から受け取ったような、誇り高き「心」のありかたを、パンク・ロックのなかで見せてくれた存在が、クラッシュだった。

7位

エグザイル・オン・メイン・ストリート

（RS 7／NME 24）：971 pt　※7位、6位の2枚が同スコア

ザ・ローリング・ストーンズ

（1972年／Rolling Stones／英）

魂のサヴァイヴァーが、王となって「シェルター」に帰還する

ザ・ローリング・ストーンズのアルバムで、当ランキング最高位となったものがこれだ。イギリスで10枚目のスタジオ盤となる本作は、彼らにとって初の、LP2枚組のダブル・アルバムとなった。「黄金時代」の終焉を告げるに相応しい、大ヴォリュームかつヴァラエティにも富んだ、モニュメンタルな1作だ。

本作の最大特徴は「明るい」ということだ。ライト感覚で「血の匂いのしない」70年代以降のストーンズが出現したのはここだ。憑きものが落ちたのか、喪が明けたのか。『ベガーズ・

Exile on Main St. – **The Rolling Stones** (1972) Rolling Stones, UK
Genre: Rock, Blues, Country Rock

バンケット』（37位、68年）以降の、凄惨なる混沌のただなかから発信されていた彼らの音楽と、本作のそれは、本質的にまったく違うものへと変化を遂げている（表面的には「そっくり」なのだが）。生の歓びに満ちているのだ。自信満々で、輝ける明日に投げキッスをしているみたい、なのだ。

そんな感覚が最大限に反映されたのが、シングル・ヒットともなった「ダイスをころがせ」との邦題で知られるM5だ。いみじくも「ハッピー」と題された、キース・リチャーズが歌うナンバー（M10）もある。どちらも彼らのライヴ・ショウで演奏されることの多い、人気曲だ。M1、M2も同系統のロックンロールだ。

ブルースも多い。スリム・ハーポのカヴァーであるM3、ロバート・ジョンソンのM16を始め、M4、M12、カントリー・ブルースのM8、そしてデモ・テープ調（?）のM13がこれにあたる。カントリー・ロックもある（M6、M7）。そしてゴスペル調のコーラスをフィーチャーしたロック、つまり「ギミー・シェルター」（21位、69年の『レット・イット・ブリード』に収録）の再現を目指したようなM9、M14、M17、M18——と、本作は「黄金時代の総決算」と呼ぶべき構成となっている。総花的である一方、悪く言うと「散漫」でもある。

そうなった理由は「ストーンズは勝ち残った」からだ。ビートルズの解散後、ロック界の「王座」に就いたのはストーンズだった、からだ。たとえば米〈ニューズウィーク〉誌71年1

Tracks: M1: Rocks Off / M2: Rip This Joint / M3: Shake Your Hips / M4: Casino Boogie / M5: Tumbling Dice / M6: Sweet Virginia / M7: Torn and Frayed / M8: Sweet Black Angel / M9: Loving Cup / M10: Happy / M11: Turd on the Run / M12: Ventilator Blues / M13: I Just Want to See His Face / M14: Let It Loose / M15: All Down the Line / M16: Stop Breaking Down / M17: Shine a Light / M18: Soul Survivor

月4日号の表紙には、ステージ上のミック・ジャガーの写真がフィーチャーされていた。そこには「ロックの未来」と大きくコピーが打たれていた。前作『スティッキー・フィンガーズ』(30位、71年)が69年から70年にかけて録音されたものだったから、つまり本作は、「王」としての自覚を持ったあとのストーンズが初めて制作に取り組んだアルバムだった、と見るのが正しい。

こうした意識は、本作タイトルにもあらわれている。邦題の『メイン・ストリートのならず者』というのは、ちょっと意訳が過ぎる。「Exile」とは「国外追放者」または「亡命者」といった意味の言葉だからだ。つまりこのタイトルは、税金対策としてイギリスを離れ、フランスに移住した彼ら自身を指している、ととるのが普通だ。

そして実際、本作はまるで、イメージ上の王侯貴族が遊戯を楽しむかのようにしてレコーディングされていった。制作のためのセッションが繰り広げられた舞台は、キース・リチャーズが借り上げた、南仏の保養地にある大邸宅だった。「城なみ」のその邸宅に横付けされた、彼ら自慢の「モービル・スタジオ」システムを駆使して、録音は進められていった。この過程で巻き起こったドラッグや名声がらみのてんやわんやは、この時期のストーンズにかんする各種のレポートなどに詳しい。

要するに本作に詰まっているのは、「王様の放逸」とでも言うべきものなのだ。これを「おごり」「たかぶり」ととるか、逆に「栄光の瞬間」ととるかは、意見が分かれるところだろう。だから本作の発表当時、世評は好悪二分された。しかし気にすることはない。それらの視線なんぞ「全部盛り」で受け止めてこその「王様の態度」だからだ。本作は英米ともに1位を記録。そして発売から時間が経てば経つほど、メンバー自身も認める「名盤」としての評価が定まっていった。ここにあるような「栄光の瞬間」とは一過性のもので、二度と再現不可能だったのだ、との認識を持つまでに（バンドと聴き手の）双方が徐々に成熟していったからだ。

「貧者の祝宴（＝Beggars Banquet）」と題されたアルバムから4年で、彼らはここまでたどり着いた。それは長かったのか、短かったのか。邦題を『山羊の頭のスープ』とする次作（73年）もジミー・ミラーのプロデュースなのだが、本作で「総ざらえ」してしまったせいか、まさに水で薄めたスープのような失敗作となっていた（しかし、売れはした）。ゆえに、このあとのストーンズはことあるごとに、いや「困ったときはいつも」この場所に戻ってこようとする習性を得る。「黄金時代」の最後の最後に足跡を刻み付けた、メイン・ストリートのこの場所に。

6位

ホワッツ・ゴーイング・オン

（RS 6／NME 25）：971pt　※7位、6位の2枚が同スコア

マーヴィン・ゲイ（1971年／Tamla／米）

夢の砦が破れたあとも、新しいソウルは「希望と勇気」のありかを指し示す

ソウル音楽の「史上最高傑作」とまで呼ばれることが多い、そんなアルバムがこれだ。本作は、アメリカのソウル音楽界を代表するアーティストのひとり、マーヴィン・ゲイの、11枚目のスタジオ作となる。

彼は卓越したシンガーだった。4オクターブの声域で、グロウル（うなり声）から「シルキー」なファルセットまで、自由自在に駆使した名唱は、60年代から多数あった。ソングライターとしてもヒット曲を多く手掛けていた。そんなゲイが、初めてセルフ・プロデュースしたアルバムがこれだ。

What's Going On – **Marvin Gaye** (1971) Tamla, US
Genre: Soul, R&B

タイトル曲であるM1、「ホワッツ・ゴーイング・オン」。もしあなたがこの曲を聴いたことがないのなら、悪いことは言わない、「いますぐに」聴いてみるべきだ。本作が「ソウルの最高峰」であることを具体的に実証できる、名曲中の名曲だ。

日本語にすると「どうなってんだよ」あるいは「なにが起こってんだ」といった意味のタイトルを持つこのナンバーは、プロテスト・ソングとして大きな支持を得た。このときまだ継続中だったヴェトナム戦争に徴兵され、任務を終えて帰還してきた実弟から聞いた話がゲイを揺り動かした。だから彼は反戦を歌った。戦争の是非を巡って二分された国内の「惨状」や警官の暴力にもゲイは心を痛めた。

とにかくこの曲は、美しい。プロテスト・ソングなのに——いや、だからこそ——直接的ではあっても、情動の奔流「ではない」抑制的なトーンのコントロール下にある。これは慈愛と「哀しみ」のトーンだ。「なぜ」殺し合うのか。「なぜ」憎しみ合うのか。「なぜ」我々全員は、その愚かなる連環から、逃れることができないのか……こうした問いへの「答え」は、歌のなかにはまったく「ない」。ただひたすらに根源的な「問い」だけが、そう、まさにディランの歌よろしく「風のなかを舞っている」。この、見事なるサウンド・プロダクションという「風」のなかを。

ストリングス、ホーン・セクション、そしてモータウンが誇るスタジオ・ミュージシャン集

Tracks: M1: What's Going On / M2: What's Happening Brother / M3: Flyin' High (In the Friendly Sky) / M4: Save the Children / M5: God Is Love / M6: Mercy Mercy Me (The Ecology) / M7: Right On / M8: Wholy Holy / M9: Inner City Blues (Make Me Wanna Holler)

団「ファンク・ブラザーズ」が、ゲイの指揮のもと構築した、重層的かつ、壮大にして繊細な音空間のなかを、彼のふくよかなヴォーカルが抜けていく……「流麗」という言葉は、こんな音楽のためにこそある。「ホワッツ・ゴーイング・オン」は、そんな1曲だ。まずはシングルにて、大ヒットを記録する。

また、この曲にある「帰還兵の視点」は、アルバムの全編においてもつらぬき通されている。つまり本作は、一人称的視点でアメリカの現状を切り取った歌が並ぶコンセプト・アルバムだということだ。収録曲のすべては「流麗なる」バックトラックによって、まるで組曲のようにシームレスに接合されている。最終曲のM9では、最後の最後に、M1のイントロが立ちのぼってくる。鼓動のごときコンガのビートに導かれるようにして……本作の特徴は「切れ目がなく、終わらない」ことだ。円環構造をともなった連作歌曲集という、特徴的な構造を持ったアルバムだった。

本作の登場まで、こんな内容と構造のソウル音楽のアルバムは、なかった。アーティストのセルフ・プロデュース作はあっても、社会的、政治的トピックをここまで全面的に取り上げた例は、なかった。本作は反戦だけではない。ドラッグ問題（M3）、なんと早くも環境問題（M6）、都市における貧困（M9）——と、さながらダンテ『神曲』地獄篇のごとく、ゲイの視線は時代の軋轢の奥へ奥へと進んでいく。
さらに言うと、すでに世はカウンターカルチャーの時代ではなかった。60年代の終焉とともに、幻想は終わり、幻滅が社会を覆っていた。「意識的な」層の多くが、喪に服すように下を向いていたころ、ゲイはこのアルバムを発表した。だから本作は「苦み」に満ちている。リアリズムの重力が、あらかじめ内包されている。彼は現実を直視しつつも、決してそれに押しつぶされはしない、正気の足場となるものを「音楽によって」作り上げようとした。これが人々に「新しい」希望と勇気を与えた。

本作は大ヒットを記録、批評家からも絶賛を集めたほか、まずは同時代のソウル音楽家たちにとてつもない影響を与えた。スティーヴィー・ワンダー、カーティス・メイフィールド、ダニー・ハサウェイら、セルフ・プロデュースによってコンセプチュアルなアルバムを制作するアーティスト（日本でのみ言うところの「ニュー・ソウル」一派）が続出したのは、ほぼすべて、本作の成功があったがゆえだ。のちの世のプリンスから、カニエ・ウェストやケンドリック・ラマーのようなヒップホップ・アーティストに至るまで、「壮大な絵を描く」黒人のポップ音楽家は、その全員が本作を愛聴しているはずだ。もちろん白人のロック音楽家でも、この点はほぼ同様だ。

コラム3

クイーンはなぜベスト100に入らなかったのか?

すでにお気づきの人もいるに違いない。だからもう、この段階まで来てしまえば、言ってしまってもいい——だろう。

そう。本稿のタイトルにあるとおり、「クイーンのアルバム」は、ただの1枚もランクインしていない!のだ。この100枚の名盤リストのなかに。

ここであなたは「なぜだ!」と憤るだろうか。それとも「やっぱりね」と溜息をつくだろうか……おそらくは後者の反応のほうが多いんじゃないか、と僕は読む。なぜならば、これこそが、クイーンというバンドが背負い続けてきた「宿命」にほかならないからだ。

クイーンとはつねに「お客さんの熱意によって」前進してきたバンドだった。音楽評論家や「うるさがた」のロック愛好家、つまり玄人筋からは最初に軽視される。冷遇される。しかし、売れる。それを見て驚いた「冷遇組」が、おっとり刀で駆けつけては、なにか頑張って誉めようとする……およそこのような順序で、クイーンの輝かしいキャリアの各段階は形づくられてきた。たとえば彼らの音楽性が変化したりするたびに「この順序」は、性懲りもなく繰り返されるもの、だった。

絶好の例が、眼前にある。彼らの伝記映画にして、昨年来の一大ヒット作『ボヘミアン・ラプソディ』がそれだ。同作はまず公開前後に、批評家から酷評される。嘲笑すらあった(主演のラミ・マレックの付け歯のサイズなど)。だがフタを開けてみると、あれよあれよと、とてつもない興行成績を各国で叩き出す。そして結果、転身した「おっとり刀」の冷遇組の推挙の声いちじるしく、各種映画賞を受賞しまくる（監督がナニだったので、マレックがとにかく顕彰される）――という流れを、ご記憶のかたも多いはずだ。

だから逆にいうと、当リストのようなランキングものでは、伝統的にクイーンは分が悪い。『ボヘミアン・ラプソディ』のヒットとは逆の位相となるのがここだからだ。「冷遇組」の完全支配地域となることがままある、からだ。

具体的な数字を見てみよう。シンプルだ。クイーンのアルバムは、〈ローリング・ストーン〉の500枚のなかに、ただ1枚だけがランクインしていた。第4作、邦題『オペラ座の夜』（75年）が231位だった。低すぎる、と僕は思う。だが驚いてはいけない。〈NME〉のほうがずっとひどい。「1枚も選んでいない」のだから……というわけで、両方のリストに入ったアルバムが1枚もなかったため、当ランキングのルールに従って、クイーンは消えた。彼らの全作品が落っこちてしまう顛末となった……。

本稿は、この奇妙な現象の正体を明らかにしようと試みるものだ。なぜ、クイーンはいつもいつも評論家受けが悪いのか？　なぜ「にもかかわらず」つねにかならず「お客さん」の熱意によって、その量の壮大さによって「結果的に勝つ」ことができるのか？――これらの疑問のうち、まずは後者から見てみよう。クイーンの「お客さん」とは、元来どんな人たちなのか。彼らの人気の基盤となっているものは、なんなのか。

デビュー当時のクイーンの、日本における人気のありかたはユニークだった。他国に先駆けて「クイーンらしい」盛り上がりが生じた、と言ってもいい。当時の日本では（いまでもそうだが）、国際的な規準でロック批評家と呼べる存在は絶無だったから、リスナーはまったく自由に、自分の規準で「お楽しみ」を見つけることが容易だった。ゆえに、当時の言葉でいう「ミーハー」なファンが、クイーンに素早く反応した。この姿、コア層の盛り上がりが外へ外へと波及して、大きなうねりを生んだ。人気は拡大し、分厚い「お客さん」の輪が、彼らをスーパースターへと押し上げていった。こうしたファンのありかた、人気が広がっていく過程は、世界各国、ほぼ同じだった。

コア層、親衛隊的なチームと言えばいいか。この層の熱さが「一般層」を吸引していくというわけだ。一般層とは、たとえば「とくにロック・ファンではない」層をも多く含む。ここが重要な点だ。

こうした「火の点きかた」の例を、近年の日本社会のなかに見てみると、たとえば韓国のポップ文化に対する人気の加熱ぶりと、とてもよく似ていることがわかる。新大久保に集う現象と、韓国のボーイ・バンドを好み、ファッションや化粧法を真似る少女が多数、70年代にいち早くクイーンに走った日本のファンの動きとは、基本的な構造が同じだ。「熱」のありかたが、そっくりなのだ。少女マンガ家までもが率先してクイーンの似顔絵を描いては発表していた、あの感じと。現代はSNSが火の回る速度を早めているのは間違いないが、構造そのものはむかしからあった。

よく言われる話だが、現在のK‐POPファン＝韓国文化全般が好きな人、ではない。むかしなら原宿竹下通りにあったような「楽しい感じ」が、いまは新大久保にある、それだけのことだ。この「楽しさ」に誘引され、熱のなかに巻き込まれていって……そして、火が点く。まさにこの形こそ、クイーンの人気が形づくられていった過程そのものだ。評論家が介在できる余地は、どの段階にも、とくにない。最終消費者からのボトムアップこそが肝要であって、どこか高所からのトップダウンは、べつに必要ないのだから。

まずはなによりも、クイーンの曲の「楽しさ」だ。これがお客さんの心を躍らせる。着火点となる。このメカニズムは、たとえばディズニー映画『アナと雪の女王』（13年）の、日本での空前の大ヒットのありかたとも似ている。アメリカ製のアニメーション、とくにミュージカルは、日本において「分が悪い」と言われていた。しかし同作は、すべての定説を引っくり返して、歴史を作った。この現象と映画『ボヘミアン・ラプソディ』の成功とは、いくつもの共通項がある。「批評家いらず」という点が、まず第一だ。

世田谷の西端で、ついこのあいだ、僕はこんな体験をした。クイーンの「ドント・ストップ・ミー・ナウ」を鼻歌でうたいながら自転車を漕ぐ中学生男子とすれ違ったのだ。部活の帰りなのか、同じデザインのジャージ上下を着た数人の仲間と、彼は坂を下っていった。全員が、いがぐり頭だったかもしれない。どう考えてもクラシック・ロックのファンのようには見えず、年も若いわけなのだから、これは映画『ボヘミアン・ラプソディ』の影響に違いない、と僕は直感した。『アナ雪』のときに、小学生や幼稚園児が同じような感じで歌っている光景を幾度も僕は目撃していた。そのことを思い出した。

このような事象は、ごく標準的な「ロックの玄人筋」の人たちからはまず好まれない。俗っぽく見えるからだ。高尚さに欠け、文学性に欠けて、政治思想的にも精神世界探究性においても「踏み込みが甘い」感じがするからだ。それはそうだろう。しかしこれこそがまさに「クイーンの伝統」にもとづいている、とも言える。なぜならば、まるで嫌がらせでもしているかのように、73年当時、「評論家受けの逆位相」を集めて結晶化させたような態勢でシーンに登場してきたのが、クイーンというバンドだったからだ。

一例を挙げよう。クイーンの歌詞には、固有名詞の使用がとても少ない。だから自然に実録性・個別性および文学性が希薄となる。たとえばビートルズなら「エリナー・リグビー」や「ストロベリー・フィールズ・フォーエヴアー」といった、そこに固有名詞があるからこそドライヴする名曲が、多数ある。クイーンには、それがほとんどない。よって70年代前半のロックに流行中だった要素のうち、クイーンには「ない」ものが多い。

まず、シンガー・ソングライター・ブームにも通じるような、明瞭な私小説性が歌に「ない」。では逆にレッド・ツェッペリンのような茫洋とした神話的広がりがあるかというと、これも「ない」。大がかりなメタファーには大がかりな固有名詞が不可欠だからだ（アキレスとか）。ではクイーンはなにを歌っているのか、というと「個人の感情に寄り添った」歌が多い。感情の振幅、そのなかにあるドラマ性にとても強くこだわっていて、これを引き出した上で、抽象化されたストーリーのなかに配置するのが、得意技だ。そして、この「ドラマ」と「抽象化」と「ストーリー性」の各段階で、想像を絶する量の音楽的アイデアとテクニックが惜しみなく投入されるのが、クイーンのロックンロールなのだが……そもそも、こうした「作り」そのものが、ことのほか評論家泣かせだった。

たとえばジョン・レノンの諸作のようには「語りつくす」ことができない典型例こそが、クイーンだったからだ。「いい楽曲」「すさまじく高度な音楽性」、これらは聴けばだれでもわかる。しかしその先を、通常のロック評論の言語で分析しようとすればするほど、あらゆる方向で行き詰まってしまう「しかない」。つまり取りつく島がない。なぜならば、前述の固有名詞問題よろしく「通常のロック」の価値判断基準の「埒外《らちがい》」ばかりで組み上げられたものこそが、クイーンの音楽だったからだ。

では「通常のロック」じゃない彼らの音楽とは、一体全体なんなのか？　ひとつの模範解答は「映画の挿入歌」だ。彼ら一流のドラマ性、ド派手なケレン味は、うまくフィットすると、映画的快感を一気にはね上げる。この成功例が『フラッシュ・ゴードン』（80年）のサントラだった。あれほどまでに「場をすべてさらってしまう」テーマ曲など、世にいくつもあるものではない。映画の出来をすべて忘れてしまうほどまでに、印象強かった。以降、映画で使用されたクイーンの楽曲のほとんどは、ここぞという局面で劇場内に響きわたり、ストーリーの奥にある情感を高らかに称揚し、拡張することになる。

おわかりだろうか？　つまり、クイーンのこの強み、成功方程式のすべてが叩き込まれたのが、映画『ボヘミアン・ラプソディ』だったというわけだ。映画の出来は、たしかに凡庸だ。クイーンの歩みが、どこのバンドにも当てはまるような小話へと矮小化されているどころか、バンド史の改変がとても雑だ。ラミ・マレックは僕も好きな俳優だが、でも、似てないじゃないか……と、言いたいことはいくらでもある。

だがしかし「そんなことは、どうでもいい」と感じさせられるのだ。スクリーンの両脇から、クイーン・ナンバーが鳴り始めた途端に。そして見終わったあと、とにかくむさぼり食らうように「フレディ・マーキュリーのいるクイーンの映像」を観たくなる。曲を聴きたくなる。そう、要するに「クイーンのレガシーを再活性化させる」プロジェクトとして考えた場合、これ以上ない成果を叩き出したのがあの映画だったわけだ。そしてこれは、間違いなく、ブライアン・メイの「計算どおり」だったのだと僕は考える。

クイーンには、彼らの楽曲だけを使用したミュージカルのヒットもあった（02年初演の『ウィ・ウィル・ロック・ユー』）。だから、成功するべくして成功したのが『ボヘミアン・ラプソディ』だったと言える。そしてクイーンの「強み」とは、ディズニー・アニメ最強のミュージカル映画にも匹敵することをも、証明してしまったわけだ。たとえばもし将来、ディズニーランドの一画に「クイーンのオペラ座」なんてアトラクションが出来たとしたら……それなりにはまってしまうんだろうなあ、と思えるのは、僕だけではないはずだ（本当に出来たりして）。

という具合に、まさに「ロックの特異点」にあったバンドが、クイーンだった。「通常のロック」の批評体系のなかにおさまるかどうか、なんてことはまったく関係ない。成層圏でスーパーヒーローとスーパーヴィランが高速で戦っている様子を、遠く離れた地上から裸眼で見ても、なにがなにやらわかるわけはない。しかしそんな「とてつもない場所」において初めて本領を発揮できるバンドこそがクイーンなのだ、ということをあらためて教えてくれたのが、『ボヘミアン・ラプソディ』だった。

そして、クイーンの音楽は、歌は、当たり前だが伝染する。歌いたくなる。しかも、ところ構わずに……この感じを最初に見事に映像化したのが、映画『ウェインズ・ワールド』(92年) だった。クルマに乗った仲間たちみんなで「ボヘミアン・ラプソディ」を歌い、そしてサビでヘッドバンギング!――というのは真似するとちょっと危ないのだが、しかしついやってしまった人は、少なくないはずだ。

そう。クイーンの歌を口ずさめば、僕らの眼前のこのつまらない現実世界も、一瞬にしてミュージカルの晴れ舞台となり得る、のだから。言い換えると、我々みんなの人生を夢のように華やかに、ドラマチックに彩ってくれる挿入歌として、クイーンの音楽はまず存在するのだ。作者側の私小説性の開陳が主ではない。「聴き手のこちら側」が口ずさむ瞬間のなかにこそ、クイーンが創造した偉大なる「ストーリー」は、あらかじめ解き放たれている。そのことを、僕がすれ違った中学生も完全に理解していたはずだ。

そしてこんな特殊構造をそなえたクイーンも、あくまでもロックなのだ。当ランキングからは落ちたものの、彼らのような特異点がロックの範疇内にあったことは、まさに僥倖と言うほかない出来事だったに違いない、と僕は考えている。

100位
▶▶▶▶▶▶▶61位
60位
▶▶▶▶▶▶21位
20位
▶▶▶▶▶11位
10位
▶▶▶▶▶6位
5位
▶▶▶▶▶1位

5位

ネヴァーマインド

（RS 17／NME 11）：974pt ※5位、4位の2枚が同スコア

ニルヴァーナ（1991年／DGC／米）

「最後のロックスター」の打ち上げ花火、異端が本流を食い破る

リリース時の爆発力だけで言うなら、マイケル・ジャクソンの『スリラー』（36位、82年）にも匹敵する。90年代初頭の米英を覆ったオルタナティヴ・ロックの大流行、いわゆる「グランジ」ブームの発火点となったのは、この1枚だ。本作の大ヒットが、文字通り、物理的に、商業音楽界の「風景を一変」させた。

米ワシントン州はシアトル周辺の「インディー」シーンを根城としていたバンド、ニルヴァーナのセカンド・アルバムであり、メジャー・デビュー作となったのが本作だ。売れに売れた。発売後約1カ月の91年の11月には早くもプラチナム認定、翌92年の1月にはマイケル・ジャク

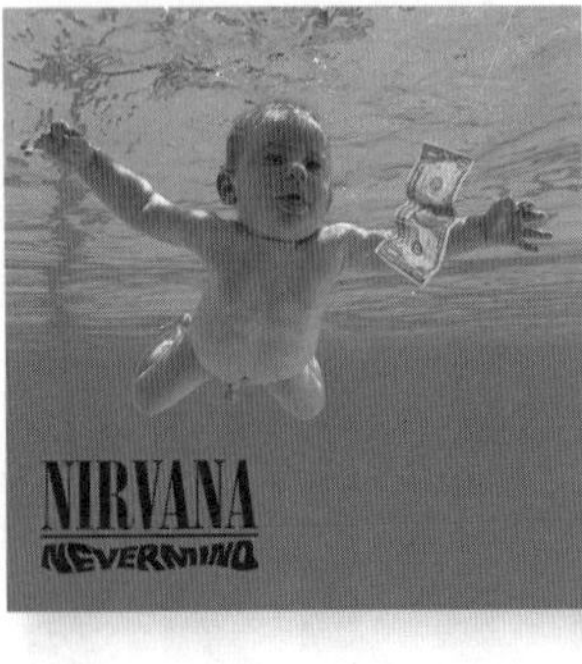

Nevermind – **Nirvana** (1991) DGC, US
Genre: Alternative Rock

ソンのアルバム『デンジャラス』を押しのけて、ビルボード・チャート1位の座まで奪取してしまう。これは、一大事件だった。

たとえばM1「スメルズ・ライク・ティーン・スピリット」。すさまじい勢いでシングルが売れた。91年の暮れにニューヨークにいた僕は、このありさまを目撃した。MTVが2時間に1回以上の頻度でMVをオンエアしていた。あらゆるレコード店にポスターが貼られていた。あり得ないことが起きていた。当時の米メインストリームでは「ロック・バンド」は完全に流行遅れの「はず」だったからだ。

80年代の終盤からこの当時まで、米ポップ音楽シーンを覆っていたものをランダムに記していくと——まずはシンセポップ、当時のマドンナに代表される希釈されたダンス音楽、日本では「ブラコン」と呼ばれたソフトでスウィートなR&B、それからボーイ・バンド——これらすべてを、ニルヴァーナは粉砕した。このアルバムで蹴散らして、木っ端微塵にした。そして荒々しく、生々しいロックを復権させた。彼らの傍らで互角に渡り合えたのは、当時、黄金時代を迎えつつあったヒップホップ勢のみだった。

鍵となったのは、まずはギター・サウンドだ。最重量級のヘヴィメタルもかくやというほどの音圧のディストーション・ギターが、キャッチーきわまりない「リフ」を鳴らす。「ベイ・シティ・ローラーズとブラック・サバスの合体」と呼ぶ声もあった。ドラムスのアタックも

Tracks: M1: Smells Like Teen Spirit / M2: In Bloom / M3: Come as You Are / M4: Breed / M5: Lithium / M6: Polly / M7: Territorial Pissings / M8: Drain You / M9: Lounge Act / M10: Stay Away / M11: On a Plain / M12: Something in the Way　※M12のあとに「Endless / Nameless」という隠しトラックが収録されていた。

「マッシヴ」だ。のちにフー・ファイターズのフロントマンとして成功するデイヴ・グロールは、優秀なドラマーでもあった。メロディアスなベースは、クリス・ノヴォセリックだ。そして、ヴォーカルにしてギターのカート・コベイン——なかでも、彼の「声」の迫力を、僕は特筆したい。

いわゆる「うなり節」であるグロウルにかけて、コベインは傑出していた。歌詞は（意図的に）支離滅裂なことも多かったのだが、なによりも彼の「声」そのもののシリアスさが、聴く者の耳をとらえて離さなかった。強烈な存在感を、絶望の渦の底みたいな磁場から発し続けていた。そこにはまぎれもない、ブルースがあった。20世紀前半に伝説を残したフォーク／ブルース・アーティスト、レッドベリーをコベインは愛好していたのだが、声色と節回しの点でたしかに共通項がある。彼のこの深々とした奈落の色彩は、同時代のいかなる歌手とも、似ても似つかないものだった。

と、こんな特質をそなえた彼らの音楽に、巧妙な「お化粧」を施したのが本作だ。プロデューサーのブッチ・ヴィグによって、アンダーグラウンド臭は適度に消毒され、新時代のハード・ロックとして整備された。M3、M6、M12、（隠しトラックの）M13といった曲の暗さと混沌には「消毒前」の菌の残存率が高い。対して、M2、M4、M5、M7、M8あたりは、そのあまりのパワー感から体育会系の学生「ジョックス（Jocks）」までもが誤解して好んだ。

こうした「成功の代償」がコベインの精神状態を悪化させ、より一層ヘロインに耽溺させた、との説は根強い。

本作の発表からわずか2年半後の94年4月、コベインは散弾銃を使って自殺する。27歳だった。ここから「ブーム」は徐々に鎮火していく。あらゆる街の「インディー」ロック・バンドが、「メジャー」レーベルに青田買いされた季節は終焉を迎え、そしてその後、二度とこのような「事件」は起きてはいない。

パンク・ロックの原型すべてを生んだ国であるアメリカでは、しかし「パンク精神ゆたかなロックは売れない」というテーゼがかつてあった。先鋭的なバンドの居場所はアンダーグラウンドで、それらがメインストリームに浮上してくることは、原則なかった。が、ときにその「原則」にひずみが生じ、地殻変動が起きることがある。マイケル・ジャクソンが「キング・オブ・ポップ」になったこと、ヒップホップが大流行したことなどと同等の、ある種の下克上的な事態が「ロック」の領域で起きた、いまのところ歴史上「最後」の事件こそが、ニルヴァーナのブレイクだった。

打ち上げ花火のように「最後のロックスター」は炸裂して消えた。だが満天下に彼らが示した「ロックに固有の」破壊力の残照は、いまもなお、本作のなかで熱を発し続けている。

4位

（RS 2／NME 26）：974 pt　※5位、4位の2枚が同スコア

ペット・サウンズ

ザ・ビーチ・ボーイズ（1966年／Capitol／米）

真夏の真っ白な浜辺に決して溶けない氷の塔を、スタジオの魔術で

ポップ音楽史上、ひとつの明確なメルクマールとなった1枚だ。ザ・ビートルズの『サージエント・ペパーズ』（23位、67年）は、本作への対抗意識から作られた。そんな強大な影響力を持つ、しかし「異形の」ポップ・アルバムがこれだ。

どこが「異形」か。まず、作りかたが変わっていた。本作はザ・ビーチ・ボーイズの11枚目のスタジオ・アルバムなのだが、実質的には、リーダーのブライアン・ウィルソンが「ほとんどすべて」をひとりでコントロールして制作した。「そのほかのメンバー」は、歌入れほか、限定的な役割しか担わなかった。演奏は「ザ・レッキング・クルー」と呼ばれる、スタジオ・ミュージシャン集団などがこなした。プロデューサー、フィル・スペクターが手掛ける諸作で

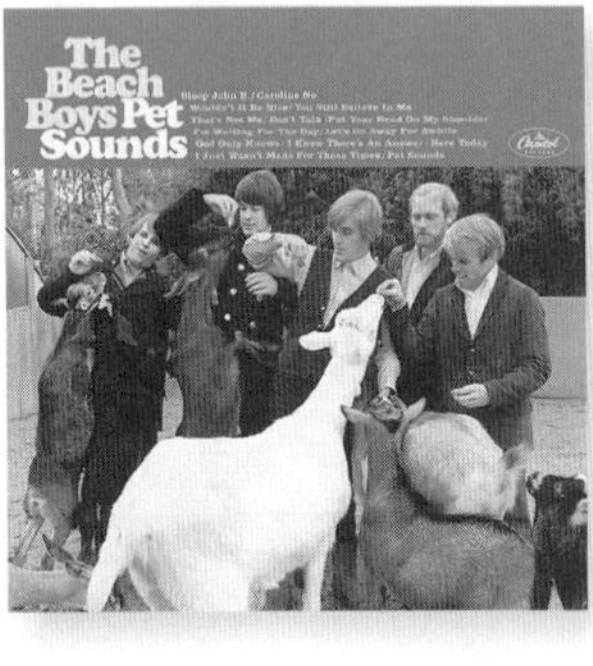

Pet Sounds – **The Beach Boys** (1966) Capitol, US
Genre: Pop Rock, Chamber Pop, Psychedelic Pop

も活躍した腕利きの顔ぶれだ。

またブライアンは、スペクターの芸風「音の壁（Wall of Sound）」にも強く惹かれていた。だから多重録音の鬼と化して、あるいは、スタジオの虫と化して、本作の制作を進めていった。自分自身も含めた「人間」など、テープの磁性体に影響させるための「部品」でしかなかった──結果、ありとあらゆる楽器が、入れ替わりながら「ブライアンの王国」にて踊り続ける、シンフォニーのような、青春映画佳品のサウンドトラックのような、きわめて高品質なポップ・ソングの一群が完成する。それはロックンロールに端を発してはいるものの、もはや別種のなにかと化していた。「ブルース」の息吹きなどほとんどない、脱臭され、分子レベルで再構築された、まるでクローン動物のキメラのように独特な「潔癖性的ポップ」だった。

たとえば、「素敵じゃないか」との邦題で知られるM1。耳を奪われる魅惑的な美しさで「若い（幼い）ふたり」の無垢な愛を描いてはいる──のだが、しかし同時に、あくまでも執拗に「結婚を奨励し」「婚前交渉を邪悪視している」立場が、歌の背景に明確にあることが、奇異の目で見られたり、揶揄されたりすることも多い1曲だ。この曲とのカップリングでシングルとなったのが、「神のみぞ知る」との邦題のM8で、オリジナルのLP時代にはこれがB面最初のナンバーだった。

Tracks: M1: Wouldn't It Be Nice / M2: You Still Believe in Me / M3: That's Not Me / M4: Don't Talk (Put Your Head on My Shoulder) / M5: I'm Waiting for the Day / M6: Let's Go Away for Awhile / M7: Sloop John B / M8: God Only Knows / M9: I Know There's an Answer / M10: Here Today / M11: I Just Wasn't Made for These Times / M12: Pet Sounds / M13: Caroline, No

つまり本作は、明瞭な保守反動性につらぬかれていた。フリー・セックスが猛威を振るう「サマー・オブ・ラヴ」は翌年に控えていて、とくに西海岸では、すでにカウンターカルチャーが燃え上がっていた時期なのに……そこで性的純潔や、慣用句として以上に（たぶんキリスト教の）神を強調しているのだから、これは筋金入りだ。

しかもブライアンはこのとき、ＬＳＤをはじめドラッグ文化には十二分に親しんでいたのだから、なんと言うか「とても個性的な妄想を持ったものだ」と正直思う。童貞の引きこもりが、ちょっと想像を絶するほどの労力をかけて作り上げた、実寸大・手彫りのバベルの塔のような奇景を、本作から僕は思い浮かべる。

ビーチ・ボーイズは元来保守的なバンドだ。ヴォーカルのマイク・ラヴが熱心な共和党支持者で、ロナルド・レーガン大統領夫人のナンシーが彼らの大ファンだった（だから呼ばれて幾度も演奏した）、といった観点からだけではない。彼らの歌で描かれた「ビーチ」とは、たとえば60年代初頭のアメリカ製ティーン映画のそれとほぼ同じ世界観のものだからだ。若くて外見のいい「白人だけ」がいるその浜では、黒人やヒスパニックやアジア人は、色どりとしてすこし（1、2％ぐらい）はいてもいいが、それ以上はねえ……といった、この馬鹿馬鹿しい「書き割りのビーチ」と、彼らの代表曲「カルフォルニア・ガールズ」の歌詞の底の浅さは、ほとんど相似形だ。

それでもいい、という考えかたはもちろんある。だがこの「反動性」は、たとえばボブ・ディランやブルース・スプリングスティーンのようなロックとは水と油で、まったく相容れないものだ。しかし日本では、村上春樹を筆頭に、これらの全部を「同質で等価のもの」として並べるのが恰好いいと「誤解」する人が多く、音楽評論家もそんな人ばかりのようで……僕は不思議でしょうがない。だれも歌詞を聴けないのだろうか？　英語圏においては、僕はそんな人、ひとりも見たことないのだが。

ただ本作は、「異形である」という一点において、ほかのビーチ・ボーイズ作品とは一線を画してはいる。この点が、発売当時のイギリスでの圧倒的な評価とセールスへとつながった。「映画みたいな『理想のビーチ』なんて、一度も見たことも聞いたこともありません！」と自ら告白してしまったような一面が本作にはあった。イメージ上で保守反動を突き詰めすぎて、ほとんどメルヘンの世界に突入した、とでも言おうか。D・W・グリフィスの諸作か、ディズニーの『ファンタジア』（40年）みたいな美を、このときのブライアン・ウィルソンは作り上げることができた。

3位

ザ・ビートルズ（ザ・ホワイト・アルバム）

（RS 10／NME 9）：983pt

ザ・ビートルズ（1968年／Apple／英）

四者四様の「才能の深掘り」を、史上初のミックス・テープが受け止めた

スタジオ・アーティストとして爛熟期を迎えていたザ・ビートルズが世に問うた、9枚目のイギリス盤オリジナル・アルバムが本作だ。『ホワイト・アルバム』と通称される本作は、英米ともにチャート1位を独走し、大ヒットを記録。〈ローリング・ストーン〉創刊編集長のヤン・ウェナーは、当時本作をビートルズの最高傑作にして歴史的壮挙であり、「西洋音楽を統合したもの」ですらある、なんて激賞した。

さすがにそれは言い過ぎだろう、と僕ですら思うが、しかし彼をしてそこまで興奮せしめた音楽的挑戦や実験、そして問答無用のロックンロールおよび永遠の名曲が、たしかにここには

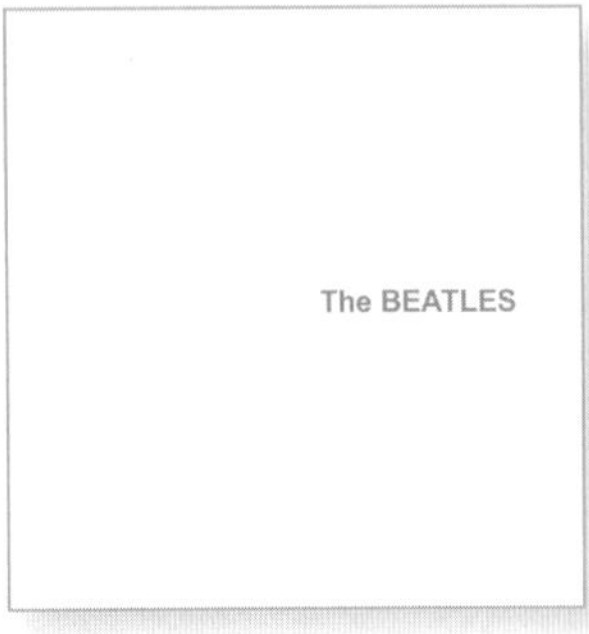

The Beatles (The White Album) – **The Beatles** (1968) Apple, UK
Genre: Rock, Pop, Experimental

満載されている。LP2枚組の全30トラック、まさに4人の怒濤の創造性が叩き込まれた大作だった。ゆえに、ときに聴く人を混乱もさせた。

たとえば、M5、M15のような、スキット（Skit＝小話、寸劇）めいたナンバー、M22のような、アイデア一発の戯れ歌っぽいもの、さらに決定的だったのがM29「レヴォリューション9」のミュージック・コンクレート——自然音やノイズを含む、さまざまな音源を編集して「音響芸術作品」として構築する、現代芸術の手法だ——にまで至っては、「わからん！」との声も、少なくはなかった。

だが今日、本作を初めて耳にした人は、率直にこう思うはずだ。「ミックス・テープみたいだ」と。曲間を綿密に設定し、ときにクロス・フェードも交えつつ展開されていくその「流れ」から、ひとつのグルーヴが浮き上がってくる「この感じ」は、90年代以降に一般的となった、DJが主導して組み上げる楽曲集の概念と酷似している。アルバムのとらえかた、いや一曲一曲のとらえかたすらも、明らかに「この時代の常識」の範疇を超えている。とてつもない先進性だと言うほかかない。

と、こんな構造のもとで連打される人気曲がまたすごい。M1、チャック・ベリーのロックンロール・クラシック「バック・イン・ザ・USA」（59年）と、それをネタにしたザ・ビー

Tracks: M1: Back in the U.S.S.R. / M2: Dear Prudence / M3: Glass Onion / M4: Ob-La-Di, Ob-La-Da / M5: Wild Honey Pie / M6: The Continuing Story of Bungalow Bill / M7: While My Guitar Gently Weeps / M8: Happiness Is a Warm Gun / M9: Martha My Dear / M10: I'm So Tired / M11: Blackbird / M12: Piggies / M13: Rocky Raccoon / M14: Don't Pass Me By / M15: Why Don't We Do It in the Road? / M16: I Will / M17: Julia / M18: Birthday / M19: Yer Blues /

チ・ボーイズの諸作をも「さらにネタにした」、重層的な本歌取りから生じる疾走感が絶妙だ。これを嚆矢として、本作はポール・マッカートニーの大暴れが目立つ。（一応）スカだというM4、M20、そしてなんと言ってもあの「ブラックバード」（M11）。「ヘルター・スケルター」（M23）だってある。

一方のジョン・レノンは、美しい「ディア・プルーデンス」（M2）などの成果と同時に、ソロ時代にもつながる諧謔と批評性のエンジンがすでに高速回転し始めている。M3、M8、M19などがそれにあたる。だからこの2人がうまく協調して作り上げることができたナンバー「バースデイ」（M18）の高揚感は、ただごとではない。ハイ・エナジーなギター・リフはもちろん、これと掛け合うかのようなヴォーカルが、手に手をとって耳のなかで一気呵成に弾け飛ぶ。ジョージ・ハリスンの人気曲であるM7にはエリック・クラプトンが参加して、ギターを弾いている。

本作は「4人の亀裂が明らかになった」1枚だとよく言われる。録音技術の進歩も相俟って、「それぞれが別のスタジオで」作業したナンバーも多い。しかしこの点こそが「本作の先進性」にもつながった。たとえば、これに先立つ2枚組スタジオ・アルバムの成功例としては、ボブ・ディランの『ブロンド・オン・ブロンド』（17位、66年）が挙げられる。しかし『ホワイ

M20: Mother Nature's Son / M21: Everybody's Got Something to Hide Except Me and My Monkey / M22: Sexy Sadie / M23: Helter Skelter / M24: Long, Long, Long / M25: Revolution 1 / M26: Honey Pie / M27: Savoy Truffle / M28: Cry Baby Cry / M29: Revolution 9 / M30: Good Night

ト・アルバム』が同作と一線を画するのは、『サージェント・ペパーズ』後」だという点だ。つまり本作は「2枚組の」コンセプチュアルなアルバム、とるのが正しい。ではそのコンセプトは？——言うまでもなく、タイトルに掲げられた自らのバンド「ザ・ビートルズ」そのものだ。

物語のために架空のバンドを設定する必要は、もうない。「自らの本質」を四者が四様に掘り下げること——その合流点や分岐点を塗り込むべきキャンバスとして、ここまで大きな、1時間半以上にもおよぶ、真っ白な平原が彼らには必要だったのだ。

前年の67年、そして68年の11月に本作が発表されるまでの期間のビートルズは、特筆すべき実りの季節だった。67年は「ストロベリー・フィールズ・フォーエヴァー」と「ペニー・レイン」のカップリング・シングルで幕を開け、『サージェント・ペパーズ』『マジカル・ミステリー・ツアー』を経て、「ヘイ・ジュード」のシングルが68年8月で、それで本作なのだ。ちょっと異様な豊穣ぶり、だと言えよう。その反作用なのか、翌69年、本作から聞き取った（と称する）悪夢のごとき宣託にしたがって、自らの「信徒」である若い女性らに猟奇殺人を命じたのがチャールズ・マンソンだった。加えて、ザ・ローリング・ストーンズの「オルタモントの悲劇」が同年12月に起こり、カウンターカルチャーの夢は、汚泥まみれになってここで砕け散る。

2位

ザ・ヴェルヴェット・アンダーグラウンド&ニコ

(RS 13／NME 5)：984pt

ザ・ヴェルヴェット・アンダーグラウンド

(1967年／Verve／米)

あの夏の裏っかわ、地下水脈がニューヨークの暗渠からあふれ出す

ロック音楽文化の「反主流派」や「傍流」「異端」、もしくは「地下にあるもの」の源流のありかを示す1枚、それがザ・ヴェルヴェット・アンダーグラウンドのデビュー・アルバムである本作だ。ロックの全体像を旧約聖書と新約聖書にたとえるならば、本作は「一度も失われなかった死海文書」にも匹敵するかもしれない。

と言うと、なにやらとげとげしい内容を想像する人もいるかもしれないが、表向きはその逆だ。ざらつきながらもポップで、聴く者をそっと包み込む「やさしい」トーンが基調となっている。だがしかし、その「やさしさ」は、あたかも麻薬常用者が血管に針を刺し、新たな薬物

The Velvet Underground & Nico – **The Velvet Underground** (1967) Verve, US
Genre: Art Rock, Proto-Punk

を流し込んだとき脳内に花咲く妄想にも似た……と、これは僕の独自見解ではない。M7「ヘロイン」で、はっきりと具体的にそう宣言されている。打つと「自分がキリストの息子みたいだって思えるんだ」と。この詞を書いて歌ったのは、ほとんどすべての詞と曲を書いた、ルー・リードだ。だから「ほとんどすべての詞」の主題が、多かれ少なかれ「確実に死に至る快楽」と強く関連づけられている。

なぜならば人生そのものが、つまるところ「死に至る病」でしかない、からだ。難治性依存症の最たるものが「生への執着」だからだ――と、こうした類の薄暗い文学性をそなえたロック音楽が世に放たれたのは、史上初と言っていい「椿事」だった。

M2は、のちにリードの重要なライヴ・レパートリーのひとつともなる1曲だ。麻薬の売人を待ってニューヨークの街頭で佇む「僕」の姿を活写している。ハンマーが連続して叩き付けられるような、ジョン・ケイルのブギ・ウギ・ピアノが印象的なロックンロールだ。そのほか、M4はマゾヒズムの語源ともなった19世紀オーストリアの作家マゾッホの『毛皮を着たヴィーナス』をモチーフとしている。

本作にてフィーチャーされたドイツ生まれの歌手兼モデル兼女優、ニコの存在も大きい。訥りのある英語で平板に歌う彼女の歌唱は、リードの詞の頽廃に透明感を付与した。死の天使よ

Tracks: M1: Sunday Morning / M2: I'm Waiting for the Man / M3: Femme Fatale / M4: Venus in Furs / M5: Run Run Run / M6: All Tomorrow's Parties / M7: Heroin / M8: There She Goes Again / M9: I'll Be Your Mirror / M10: The Black Angel's Death Song / M11: European Son

ろしく、壊れかけたラジオから廃墟の上に流れる、ロボトミーされた女性歌手の「リリー・マルレーン」みたいな……その真骨頂はM3「ファム・ファタール」だ。ニコはリードに次ぐ第二のヴォーカリストとして、M6、M9も歌唱した。濃厚な「破滅の影」と「抗いようもない」美と悦楽が、そこに共存していた。

サウンド面では、アンサンブルの要が、個性派女性ドラマーの元祖、モーリン・タッカーの「軽く、オン・タイムな」ビートだった。マレットを多用し、立ち姿勢で、スネアとタムをメインにしたシンプルなドラム・セットを駆使した（シンバルは滅多に使用しなかった）。だからもちろん、「正統的」ロック・バンドのドラマーに求められる要素は、あまり満たしていない。しかし彼女のプレイそのもの、またはこのアンサンブルのありかたも「無二のもの」として後世に絶大なる影響を残した。

といっても本作は、売れたわけではない。おそらく、いや間違いなく、当ランキングのなかで1、2を争うほど「当時売れなかった」。争う相手は、もちろん彼らの『ローデッド』（96位、70年）と、ヴァン・モリソン『アストラル・ウィークス』（22位、68年）だ。批評家からも、本作はほぼ完全に無視された。67年当時の「時代の気分」は、サイケデリック・ロックであり、愛し合い「花を手に」平和を希求し、マリワナやLSDを吸っては「夢を見る」ことだった。

ゆえに「そんなものは、なにもない」本作は、ただひたすらに「あー縁起悪い!」とロック・ファンの多数から忌み嫌われた。「サマー・オブ・ラヴ」直前の春(3月)なのに、と……。

そんな奇矯なアルバムである本作は、バンドのマネージャーでもあったアンディ・ウォーホル、ポップ・アートのスーパースターだった彼の「芸術活動」の一環としてリリースされた。だからスリーヴには(バンド名はないのに)彼の名だけがデカデカと記されている。こうした前提があって「つい」契約をしてしまったのが、新進気鋭のロック・バンドを探していたジャズの有力レーベル、ヴァーヴだった。そしてロック史に残る1枚が生み出された。ブライアン・イーノいわく、本作は「3万枚しか売れなかった」が、「買った3万人が、みんなバンドを始めた」のだという。

もっと具体的に書くと、それらの「バンド」は、以下のものすべての原型となった。パンク・ロックとオルタナティヴ・ロック、アート・ロック、エクスペリメンタル音楽の大多数、インディー・ポップの多数、加えて、そうした音楽と映像、グラフィック・デザインが交差する地点にあるアート、それらと同等の感覚を織り込んだ文学、ファッション、ライフスタイル……これら全部は、このたった1枚の「ビッグ・バン」から生じた。このささやかなれど、無二の波紋から生じた。

1位

リヴォルヴァー

（RS 3／NME 2）：997pt

ザ・ビートルズ（1966年／Parlophone／英）

再臨した救世主のごとく、再定義したロックに永遠の命のともしびを

そして第1位は、これだ。ほぼ満点、997点のスコアを記録したのが、ザ・ビートルズ7枚目のイギリス盤オリジナル・アルバムである本作だ。2位の『ザ・ヴェルヴェット・アンダーグラウンド&ニコ』（67年）は984点だったから、その差は13点。つまり本作が「ぶっちぎり」の1位だということだ。米英の「聴き巧者」たちの総意が「やはり、これだ」と認めた決定的な1枚は、このアルバムだった。

それも当然、本作はあらゆる意味で革命的な1作だった。「ロック音楽を再発明した」アルバムだと巷間よく言われる。彼らの次作である『サージェント・ペパーズ』（23位、67年）ですら、本作における「創造性の爆発」を、ただ敷衍《ふえん》していったものでしかない。「この瞬間」

Revolver – **The Beatles** (1966) Parlophone, UK
Genre: Rock, Pop, Psychedelic Rock

の彼らの神懸かりぶりが尋常ではないことは、アルバム最終曲「トゥモロー・ネヴァー・ノウズ」（M14）1曲を聴いただけでわかる。

この曲は、いわゆるラーガ・ロック、シタールを使用したインド風ポップを基調としたミッドテンポのナンバーなのだが、ほぼワン・コードで作られている。そこに、録音したテープを編集した「同じフレーズが機械的に繰り返す」ループ・サウンドや、テープを逆回転させた効果音を次から次に投げ込む手法は、90年代以降のヒップホップの発想と寸分変わりない。こうした、凝りに凝った「トラック」の上で、座禅を組んだまま空中浮揚しては人民に訓を垂れるいかがわしい聖者よろしく、「謎かけ」のような歌をジョン・レノンが熱く詠唱する……というロックンロールだ。

アイデアも、手法も、技術も、それを可能にした「若々しく、燃えさかる」スピリットも、そのすべてが革新性に満ちていて、「魅力的」なのだ。これ1曲だけで「90年代ブリット・ポップ」の、一体いくつの曲のネタとなったことか……ここにシングル曲「レイン」を加えれば、オアシスのネタの6割ぐらいは埋まるはずだ。

だが本作は「インド」と「スタジオ技術」だけではない。たとえば「エリナー・リグビー」（M2）は、「ロックの領域」を――あっけないほどにも簡単に――拡大してしまった1曲だ。

Tracks: M1: Taxman / M2: Eleanor Rigby / M3: I'm Only Sleeping / M4: Love You To / M5: Here, There and Everywhere / M6: Yellow Submarine / M7: She Said She Said / M8: Good Day Sunshine / M9: And Your Bird Can Sing / M10: For No One / M11: Doctor Robert / M12: I Want to Tell You / M13: Got to Get You into My Life / M14: Tomorrow Never Knows

弦楽八重奏をフィーチャーしても「しかしあくまでも」ロックであり得ることを、ポール・マッカートニーは易々と証明してしまう。

この曲が、M1「タックスマン」と、M3「アイム・オンリー・スリーピング」にサンドイッチされている様は、見事と言うほかない。ジョージ・ハリスン作の前者は、ハード・エッジなロックンロールだ。後者、「まだ眠いんだから起こさないで」ということだけを歌う、レノンらしいユーモアが光る曲だ。この3曲の幅の広さ、これらの断面がきれいに並ぶところに、彼らのマジックがある。もうひとつの「断面」、リンゴ・スターが歌う「イエロー・サブマリン」（M6）も人気曲だ。

また「アンド・ユア・バード・キャン・シング」（M9）のような、初期から変わらぬ金看板「ギター・オリエンテッドなビートルズのロックンロール」も、きっちりとヴァージョンが更新されていることも、忘れてはいけない。マッカートニーとハリスンの「流れるような」ツイン・リード・ギターの見事さは、パワー・ポップのみならず、「ギター・ポップ」なる和製英語の理想像のひとつをも垣間見させた。

そんな大充実の本作は、一面、彼ら初の「ドラッグ・アルバム」とも呼ばれている。LSDやマリワナの影響だ。そうなった理由は、このときのかの地が「世界の若者文化の首都」だったからだ。いわゆる「スウィンギン・ロンドン」というやつだ。

モダン・ジャズとR&Bとスカをこよなく愛する「モッズ族」、ミニ・スカート、ポップ・アートに「前衛」アート、「ドラッグ」文化にフリー・セックス、なんと自国開催のサッカーW杯でイングランドが初優勝！……と、このときのロンドンは、きらびやかに、無垢に、恐れを知らない若者たちが、まさに「明日をも知れぬ」未来へと突進していこうとしていた。この空気を、ビートルズの4人も吸ってしまう。

4人の古い友人であるクラウス・フォアマンが制作した、ジャケットの印象深いアートワークは、ヴィクトリア朝の世紀末を彩った異才、ビアズリーの線画からインスパイアされたものだ。「古いもの」を転生させて最前衛にすることにかけて、ヨーロッパの若い芸術家（もしくはちんぴら）には伝統の芸があったのだが、その最新の成果とも言えるものが、このときのイギリスの路上には吹き荒れていた。

そんな渦中にビートルズの4人がいたことは、ありていに言って「奇跡にも近い幸運」だった。お陰でロックはここに「新しい命」を得た。「うまく使えば」幾度でも再生可能な「命の種」とも言えるアイデアをも、得ることができた。その事実の輝かしき記憶こそが、この1枚の隅々にまで満ちている魅惑的な脈動の正体なのだ。

おわりに

荒れに荒れた「究極の100枚」ランキング・リストを総括する

100位から始まり、1位までカウントダウンし終わったところで、このランキング・リストの全体を振り返ってみたい。特徴を分析し、総括してみよう。ようやくにして僕は、それを書くことができる、と、胸が高鳴り腕も鳴るのを禁じ得ない。

読者のあなたも、きっとこれを言いたくて言いたくてしょうがなかったはずだ。

「なぜあのアルバムが、こんな順位なのか?」

「それどころか、なぜあの名作が『入っていないんだ?』」

どうして僕がそう言うのか、というと、まさに僕自身、執筆中にまったく同様の気分になることがあったからだ。「なんで?」と。かなり頻繁に。

ところで僕は、じつはかつて「なんで?」と聞かれる立場だったことがある。数年前、『日本のロック名盤ベスト100』(講談社現代新書)という一冊を上梓したとき、同書にて僕は、自ら開発した指標を用いて100枚を選び、順位づけをおこなった。その内容にお誉めの言葉も数多くいただいたのだが、しかしやはり「なぜあれが――」との質問も、よく受けた。じつのところ、とてもよく、そう聞かれた(詰問もされた)。

だから一時期の僕は、自分が作成したリストが「なぜそうなったのか」を説明する人となっていた。これは結構骨が折れる作業だった。だがしかし、僕を「問いつめたくなる」人の気持ちもよくわかった。ロック・ファンの行動原理のなかに、ごく普通にあるメカニズムの発露だったからだ(つまり、僕のなかにもそれはある)。

打って変わって、今回僕は、科学的な方法でリストを作成した。つまりランキングがこうなった責任は、「じつは僕にはない」。素材となった〈ローリング・ストーン〉と〈NME〉それぞれのリストのほうに、全責任の根っ子がある。

だから僕は、いまこれから大手を振って「なんで?」の人となることができる。ここからは、もやもやを抱えた読者の先頭に立って、原稿を書きたく思う!

さて、このリストについてまず最初に言うべきは、「とてつもなく偏っている」ということだ。「はじめに」にも書いたとおり、〈ローリング・ストーン〉のリストも〈NME〉のほうも、それぞれがそれぞれの方向性で偏っていた。このふたつの「掛け合わせ」である当リストは、言うなれば「偏向が二乗に」なっているわけだ。

その偏向の「方向性」だが、総合的に見てみると、こうしたことが言える。「その時代においての革新性」や「前進性」が高く評価されている、そんなリストになっている、と。ロックの歴史を「未来へとつないでいった」駅伝か聖火リレーのランナーの痕跡が「100枚分」並んでいる、そんなランキングになっていると評していいはずだ。

(※ネタバレ注意：以下、ランキング順位の具体的内容に触れるので、リストのすべてを未見のかたはご注意を)

では、具体的にその「偏り」を数字から検証してみよう。「ビートルズがよく出てくるなあ」と、きっとあなたは、読んでいて思ったことだろう。いや実際、よく出ている。なんと6枚も、彼らのアルバムはランク入りしている。100枚のうちの6枚だから、これは「当リストの6%はザ・ビートルズの作品だ」ということを意味する、すごい比率だ。以下、2枚以上ランキングされているアーティストを列記してみよう。

（※この稿では、ダブル・アルバムも1作品として「1枚」と記する）

ボブ・ディランが5枚。ザ・ローリング・ストーンズとデヴィッド・ボウイが、それぞれ4枚ずつ。ブルース・スプリングスティーンとレディオヘッドが3枚ずつ。そして2枚をランクインさせているアーティストが、ザ・ヴェルヴェット・アンダーグラウンド、ザ・クラッシュ、スティーヴィー・ワンダー、ニール・ヤング、マイケル・ジャクソン、ジョン・レノン、ジミ・ヘンドリックス、プリンス、ザ・ストゥージズ、ピクシーズ、R.E.M.……これら「2枚以上ランクインしている」アーティスト全17組の枚数を合計してみると、なんと「計47枚」にも達してしまう。

つまりこのランキングは、約半数をたった17組の「ロック強者」たちが占めてしまうという「異様な格差リスト」だと言うことができる。まったく民主的ではない「偏向」に満ちた結果となっているわけだ。

とはいえ、逆に言うとこれは「わかりやすい」リストでもある。民主的手続きを排除した「偏向」からこそ、初めて浮かび上がってくる真実もある。まさに「手っ取り早く」ロック音楽の全体像を把握したい向きには、この「傾いたがゆえのシンプリシティ」が、きっと大いに役立ってくれるのではないか、と僕は期待する。

さらに数字をいこう。アーティストの出身国（活動を開始した国）別に見てみると、こんな結果となった。アメリカが圧倒的に多く、56枚。次点のイギリスが35枚だから、ここまででリストのほとんどを占めている。あとに続くのがカナダで5枚、アイルランド、ジャマイカ、ドイツ（西ドイツ）、オーストラリアがそれぞれ1枚ずつだった。

発表年代を観察すると、一番多かったのが70年代の41枚だ。次点が60年代の26枚、以下、80年代の17枚、90年代の9枚、２０００年代の5枚ときて、２０１０年代と50年代がそれぞれ１枚ずつだった。

男女比はどうか——と問うまでもなく、女性アーティストはほとんどいない。女性ソロ、あるいはバンドのフロントに女性が立っているものという限定で見てみた場合、たったの7枚しかない（フリートウッド・マックもカウントすれば8枚だ）。

どうもこの、強者の占有率が高く、そこには女性が少ない点、まるで前近代社会の戯画というか、戦国時代の諸侯の版図というか……と、しみじみ思わざるを得ない。ロック界とはやはり、あからさまに男根主義的バーバリズムに支配された荒野だった、のかもしれない。

女性の話が出たところで、そこから追及を始めよう。マドンナも、ビョークも今回の「ベスト100」に入らないのは、どういうことなのか？　これはおもに〈ローリング・ストーン〉と〈NME〉で「票が割れた」せいだ。彼女らはどちらの「500枚」にもランクされていたのだが、対象となったアルバムが違うものだったり、そもそもの順位が低かったりして、集計でいい数字にならなかった。100位までに入らなかった。

このような形で「リストに入らなかった」アーティストを、これから思いつくままにざっと挙げてみよう。さあ、お待たせしました。「なんであれが入らなかった?:」ショウの開幕だ！

まずもって、「絶対に変だ」と僕が自信を持って言いきれるのが「エルヴィス・プレスリーがいない」ということだ。イーグルスもいない。エルトン・ジョンだって、いたっていいじゃないか！　それよりも問題なのが、クイーンやザ・ポリスやU2やレッド・ホット・チリ・ペッパーズがいなくても、いいのか？　なぜなのか？

ここらへんへの答えはすべて「イギリス人が嫌っているから」だ。プレスリーにかんしては、マドンナやビョークと同様の「票割れ」状況も見てとれるのだが、いかんせん〈NME〉が付けた順位が低すぎる（デビュー作が最高位で384位。同作は〈ローリング・ストーン〉では56位だったのだが……）。U2も（煙たがられているのか）低い。しかしどうあっても納得できないのが、これだ。イーグルスもエルトン・ジョンもクイーンもポリスもレッチリも「〈N

ME〉はランクインすらさせてない」のだ！　なんなんだよ、それは？　「ホテル・カリフォルニア」とか、イギリス人は聴かないのか？

だがしかし、アメリカ側だって甘くはない。〈ローリング・ストーン〉のリストが低位に置いたせいで、あるいは「ランキングさせなかった」せいで、〈NME〉のリストにはいたものの、当ランキングから消えてしまった顔ぶれも、なかなかに味わいぶかい。

オアシスが〈ローリング・ストーン〉のリストで低位に甘んじるのは事前に読める範囲だが（『（ホワッツ・ザ・ストーリー）モーニング・グローリー？』の1枚が378位にあるのみ。〈NME〉では2枚ランクイン。『ディフィニトリー・メイビー』は堂々の10位だったのだが……）、さらにブラー一切なし（〈NME〉では4枚！がランクイン）、ザ・ジャムなし（同2枚）、ザ・スペシャルズ（同1枚）もプライマル・スクリーム（同2枚）もなし——と来ると、ある意味「読め過ぎる」ような気がする人もいる、かもしれない。「ああ、やっぱりアメリカ人は『イギリスの魂』みたいなアーティストは、よくわからなくて冷遇するんだ」と。

しかしこれは正確ではなくて、じつは滅法「魂」系、イギリス汁が出まくっているバンドの筆頭と言うべき存在のザ・キンクスには、逆相のねじれ現象とでも呼ぶべきものが起こっているのだ。〈ローリング・ストーン〉がキンクスを3枚もランクインさせているにもかかわらず、〈NME〉は1枚だけなのだ！　そして唯一のカブリだった『ヴィレッジ・グリーン～』が低位だったため、今回の集計には入らなかった。つまり「イギリス人のせいで」キンクスは消えたと言えるのだ。クイーンやポリス、もしかしたらエルトン・ジョンにも働いた、同国人ならではの批評性（か、同族嫌悪）が過敏に影響した結果の「米高英低」現象が、これらのアーティストを沈めたようだ。

また個人的には、ザ・バーズが当ランキングの100位内に入らなかったことが残念でならない。ディランのからみなどで、レビューのなかで幾度も僕は言及したのだが……〈ローリング・ストーン〉と〈NME〉双方のリストにいたにもかかわらず、「票割れ」によって点数が伸びなかった。

この票割れ現象は、当リストにランクされたアーティストにもさまざまな影響をおよぼした。たとえば、レッド・ツェッペリンやザ・フーやボブ・マーリー、いやエルヴィス・コステロも「1枚だけ」しか入っていないこと、しかもリストに入ったのが「あのアルバムでよかったのか、どうか」大いに疑問に思う人も多いだろう（僕は思った）。これらも全部、票割れのせいだと言っていい。

同様に、ジョン・レノンのソロ作が2枚もランキングされているのに、ポール・マッカートニーもウイングスも、ジョージ・ハリスンも1枚もないのは……常識的には、ちょっと解せない。プログレッシヴ・ロックが「ピンク・フロイドの1枚だけ」というのも、あまりにひどいのではないか？　サイケデリック・ロックが「ブームはあったが名盤は少なし」とされるのは、まあしょうがないとしても……。

と、言いたいことがつきない、ものの見事にぐいっと「偏った」このランキングを、あなたはどうご覧になっただろうか。このランキング・リストから、新たな観点や議論の種が噴出することを僕は期待する。もってそれが、あなたのロックンロール・ライフの充実へと幾許《いくばく》か貢献することができたなら、筆者としてそれ以上の幸福はない。

とにもかくにも、聴いてみよう。できるかぎり大きな音で、1枚でも多く！

川崎大助

2019年7月

ランキング・リスト

本書は、光文社のウェブサイト〈本がすき。〉の連載（２０１８年４月13日〜２０１９年６月14日）に、加筆・修正をおこなったものです。

川﨑大助（かわさきだいすけ）
1965年生まれ。作家。'88年、音楽雑誌「ロッキング・オン」にてライター・デビュー。'93年、インディー雑誌「米国音楽」を創刊。執筆のほか、編集やデザイン、ＤＪ、レコード・プロデュースもおこなう。2010年よりビームスが発行する文芸誌「インザシティ」に短編小説を継続して発表。著書に『東京フールズゴールド』『フィッシュマンズ 彼と魚のブルーズ』（ともに河出書房新社）、『日本のロック名盤ベスト100』（講談社現代新書）がある。
Twitterは@dsk_kawasaki

教養《きょうよう》としてのロック名盤《めいばん》ベスト100

2019年7月30日初版1刷発行

著　者 ―― 川﨑大助
発行者 ―― 田邉浩司
装　幀 ―― アラン・チャン
印刷所 ―― 近代美術
製本所 ―― 榎本製本
発行所 ―― 株式会社光文社
東京都文京区音羽1-16-6（〒112-8011）
https://www.kobunsha.com/
電　話 ―― 編集部03（5395）8289　書籍販売部03（5395）8116
業務部03（5395）8125
メール ―― sinsyo@kobunsha.com

　ISBN 978-4-334-04425-1

1014
「ことば」の平成論
天皇、広告、ITをめぐる私社会学
鈴木洋仁
天皇陛下のおことば、ITと広告をめぐる言説、野球とサッカーが辿った道……。「平成」の形を、同時代に語られた「ことば」を基に探る極私的平成論。本郷和人氏推薦。
978-4-334-04420-6

1015
「家族の幸せ」の経済学
データ分析でわかった結婚、出産、子育ての真実
山口慎太郎
母乳育児や3歳児神話……。出産や子育てにおいて幅をきかせるエビデンス（科学的根拠）を一切無視した「思い込み」を、気鋭の学者が最先端の経済学の手法で徹底的に論破する。
978-4-334-04422-0

1016
不登校・ひきこもりの9割は治せる
1万人を立ち直らせてきた3つのステップ
杉浦孝宣
「8050問題」につながる若者の不登校・ひきこもりという社会課題に30年以上向き合ってきた教育者が語る、親子で生活を立ち直らせるための3ステップ。
978-4-334-04424-4

1017
教養としてのロック名盤ベスト100
川崎大助
現代人の基礎教養とも言えるロック名盤100枚を、これまでにない切り口で紹介・解説。著者の主観・忖度抜き、科学的な手法で得られた驚愕のランキングの1位は？
978-4-334-04425-1

1018
発掘！ 歴史に埋もれたテレビCM
見たことのない昭和30年代
高野光平
こんなモノがあったのか！ ナゾだらけの草創期テレビCMの実態とは？ 「名作」とはひと味ちがう、無名の発掘物でたどる「もうひとつのテレビCM史」。CM史研究の第一人者が解き明かす。
978-4-334-04426-8